Zauberwelt der Insekten

Michael G. Emsley /
Kjell B. Sandved

Zauberwelt der Insekten

Belser Verlag
Stuttgart · Zürich

Aus dem Amerikanischen übertragen von Wolfgang Dierl

Die amerikanische Originalausgabe »Insect Magic« erschien 1978 bei The Viking Press, New York.
© 1978 by Viking Penguin Inc. für den Text.
© 1978 by Viking Penguin Inc. für die Illustrationen.
© 1978 für die deutschsprachige Ausgabe by Belser AG für Verlagsgeschäfte & Co. KG,
Stuttgart und Zürich.
Alle Rechte vorbehalten.
Satz: Fotosatz Stolz, Stuttgart
Text: Printed in Germany
Illustrationen: Printed in Japan
ISBN 3-7630-1676-7

Zauberwelt der Insekten

Das Bestreben, die Wunder der Natur immer deutlicher zu erkennen, hat auch zu einer intensiveren Zuwendung zur oft verborgenen Zauberwelt der Insekten geführt. Fortschrittliche Wissenschaftler bemühen sich, allen Interessenten eine lebendige Anschauung zu vermitteln. Und so wollen wir gleich zu Beginn auf eine vorbildliche Einrichtung hinweisen, auf den neuen *Insektenzoo* der Smithsonian Institution im Nationalmuseum für Naturgeschichte in Washington D.C. Dieses Museum hat immer neue Wege gesucht, um Wissen unter die Menschen zu bringen und es zu vertiefen. Sein Insektenzoo ist ausschließlich den lebenden Insekten gewidmet. Einheimische und einige tropische Arten werden hier übersichtlich in Behältnissen ausgestellt, die der natürlichen Umgebung dieser Tiere möglichst ähnlich sind. Der Beschauer soll das Gefühl der persönlichen Teilnahme und Entdeckung gewinnen. Es geht um das Verständnis für biologische Prinzipien und deren Abläufe. Dadurch lassen sich die sehr einseitigen Vorstellungen mancher Städter von den Insekten als häßlicher »Wanzen« bestimmt korrigieren.

Durch ihre Verhaltensweise vermitteln die Insekten in diesem Zoo etwas von ihrer eigenen Lebensgeschichte, die sich erheblich dramatischer und aufschlußreicher gestaltet, als das Etiketten auf Kästen mit genadelten Insekten jemals erzählen könnten. Die Besucher sind immer wieder überrascht von dem ungewöhnlichen Aussehen und dem unvorhersehbaren Gebaren vieler dieser Tiere und bemühen sich, etwas über ihre Lebensweise zu lernen. In den verschiedenen Behältern spielt sich so vieles ab, daß manche Besucher einen Stuhl heranziehen und mehr als eine Stunde davor zubringen, nur um die Schauspieler in diesem Theater der Natur genau zu beobachten. Das Füttern wird von den Besuchern mit großem Vergnügen verfolgt; sie können sich sogar als Gehilfen daran beteiligen.

Zu den Insekten mit dem interessantesten sozialen Verhalten im Zoo gehören die *Blattschneiderameisen.* Wie die Bienen und Termiten haben diese Ameisen ein strenges Kastensystem mit einer Königin, männlichen Tieren und Arbeiterinnen, die als Soldaten, Späher, Kinderschwestern, Wächter und Nahrungssammler eingesetzt werden.

Täglich werden frische Blumen und belaubte Zweige in einen großen Behälter getan, der durch eine durchsichtige Röhre mit dem Ameisenbau verbunden ist. Späher entdecken die Nahrung und markieren nun die Wege dorthin mit Duftstoffen, auf denen dann die im Bau einsatzbereiten Arbeiter zur Nahrungsquelle gelangen. Dort schneiden sie handliche Stückchen aus Blüten und Blättern und tragen sie auf den markierten Wegen zurück. Die ausgeschnittenen Stücke sind oft größer als sie selbst und würden, mit menschlichen Maßstäben gemessen, einer Hartfaserplatte von etwa 2,5 x 3 m Größe entsprechen, die man zwischen den Zähnen trägt. Dazu kommt noch eine weitere Last: der Polizist, der mitgetragen wird, um eventuell auftauchende Feinde unterwegs angreifen zu können. Nach erfolgreicher Rückkehr werden die Blattstückchen in eine Kammer gebracht, in der Luftfeuchtigkeit und Temperatur von den Ameisen genauestens kontrolliert werden. Besondere Gärtnerameisen lecken jedes Stück sauber, damit keine unerwünschten Pilze darauf wachsen, denn nur ein spezieller Pilz soll auf den zerkleinerten Stückchen gedeihen. Die Fruchtkörper dieses Pilzes, genannt »Ameisenkohlrabi«, sind reich an Proteinen und bilden die Grundnahrung der Ameisen.

Wie in jeder Gesellschaft, unsere eigene eingeschlossen, gibt es überall Nahrungsreste und Abfälle, so daß einige Arbeiterameisen als Müllmänner tätig sind. Sie ergreifen die Abfälle und tragen sie aus dem Bau. In ihrer natürlichen Umgebung hat sich im Lauf der Zeit ein bemerkenswertes Verhalten entwickelt: Die »Müllmänner« werfen ihre Abfälle im Freien nicht einfach irgendwohin, wie das oft bei den Menschen geschieht, sie wandern vielmehr ein beträchtliches Stück weit vom Nest fort, klettern auf einen Baum, dann weiter auf einen bestimmten Zweig und lassen schließlich ihre Last von einer ganz speziellen Stelle, und nur von dieser, zu Boden fallen. Die Abfälle regnen sozusagen herunter und können einen gewaltigen Haufen bilden. Als ich einmal Blattschneiderameisen in Panama filmte, traute ich kaum meinen Augen, als ich »Müllmänner« sah, die auf eine überhängende Uferkante eines Bachs kletterten und dort ihre Abfallasten ins Wasser warfen.

Kein Insektenzoo wäre ohne *Bienenstock* vollständig. 1926 wurde der erste seiner Art bei Smithsonian eingerichtet und von der ersten Dame des Landes, Mrs. Calvin Coolidge, regelmäßig besucht. Sie wurde oft von Freunden begleitet. Eines Tages schwärmten die Bienen aus und ließen sich ausgerechnet im Hof des Weißen Hauses nieder. Die Bienen konnten zwar bald wieder eingefangen werden, aber das Interesse von Mrs. Coolidge an ihnen kühlte merklich ab.

Nach diesem Vorfall hielt man viele Jahre keine Bienen im Smithsonian Zoo mehr. Später, als wieder ein Stock bestand, ließen sich die Bienen einmal in einer nahegele-

6

genen Klimaanlage nieder, und ein andermal, 1963, fiel das Volk einem »Stillen Früh-ling« zum Opfer, man hatte in der Mall, der großen Parkstraße, zu viele Insektizide versprüht...

Das gegenwärtige Bienenvolk scheint recht zufrieden zu sein und sammelt Popcorn-stückchen ein, die all die vielen Touristen auf der Mall verlieren. Ihr Bienenstock ist mit Glas abgedeckt und man kann alle Vorgänge darin gut beobachten. Eine Plastikröhre verbindet den Stock mit der Außenwelt durch ein Flugloch in einem nahegelegenen Fenster.

Die Arbeiterinnen der Bienen sind fähig, die Bauphasen der Waben durch ihre Sinne zu erkennen,und lösen sich bei der Arbeit in Abständen von halben Minuten ab, wobei jede von ihnen Teile einer Zelle anfertigt. Jede neue Zellwand wird in einem Winkel von 120° sehr genau an die nächste Zellwand angefügt, wobei bei einem Mindestauf-wand an Material ein Maximum an Stabilität erreicht wird. Wo mehrere Zellen anein-andergrenzen, entstehen sechseckige Strukturen, die wie Körner eines Maiskolbens aussehen. Ein vierjähriges Kind, das den Bau der Waben beobachtete, kam zu seiner Mutter gelaufen und rief aus: »Die machen ja Mais!« Ein guter Beobachter.

Die Insektenwelt gehört zu den interessantesten aller Tiergruppen. Zu den am meisten bewunderten Insekten gehören die *Schmetterlinge,* eine der schönsten Gaben der Natur an den Menschen. Manche Kunstrichtung hat deren Farben und Zeichnungen als Vorlagen genommen. Wenn man sich lang genug umschaut, kann man auf den Flügeln das ganze Alphabet finden, aber auch Zahlen, geformt von Schuppen. Die Schönheit der Schmetterlingsflügel spricht eine universale Sprache. Das gleiche läßt sich von vielen Käfern und anderen Insekten sagen. »Natürliche Schönheit in ihrem tiefsten Sinn ist die höchste Form von Schönheit«, sagt Dante.

Viele fragen: »Wo finde ich in der Natur interessante Insekten zum Beobachten und Fotografieren?« Die Antwort lautet: Fast überall. In den tropischen Regenwäldern und Wüsten, in Ozeanen und Pfützen, ja in allen Ländern der Erde, wie die Beispiele in diesem Buch illustrieren. Man braucht nicht erst in exotische Länder zu reisen, um das wunderbare Reich der Tiere und Pflanzen kennenzulernen. Jeder kann an einem Sommertag auf den Feldern oder beim Ausruhen im eigenen Garten die Schönheit und Vielfalt der zahlreichen Pflanzen und Tiere beobachten. Für vieles benötigt man nur ein Vergrößerungsglas, um es wahrzunehmen. Der Wissenschaftler Louis Agassiz fand das Alltagsleben um sich herum dramatisch genug und bemerkte einmal, daß er den ganzen Sommer über auf Reisen wäre und dabei kaum über seinen eigenen Hof hinausgekommen sei. Obwohl die Insekten zahlenmäßig die größte Tiergattung auf der Erde darstellen, nehmen nur wenige Leute mehr als einen kleinen Prozentsatz der sie umgebenden Arten zur Kenntnis.

Warum sind die Insekten so zahlreich? Oder sollten wir lieber fragen, warum sind sie so erfolgreich? Als sich das Leben auf der Erde entwickelte, zeichneten sich die Insekten durch eine hervorragende Fähigkeit aus: sie siedelten sich in Winkeln und Ecken an und konnten sich noch in kleinsten, lebensfeindlich anmutenden Lebensräumen entwickeln. In jedem einzelnen Winkel oder Lebensraum entstanden untereinander konkurrierende Insektengruppen, von denen jede für sich ganz bestimmte, den jeweiligen Umweltverhältnissen angepaßte Merkmale entwickelte. Die Vielfalt ihrer Lebensräume mit den daraus resultierenden vielgestaltigen Formen und Farben, ihren Freßtechniken und Lebensgewohnheiten war der Schlüssel zu ihrem Erfolg: Die erfolgreichen Arten sind die Gewinner im Spiel der Evolution, die erfolglosen sterben aus.

In den letzten Jahrzehnten hat man viel über das Räuber-Beute-Verhältnis erfahren. Man denke nur an die Sehschärfe und Lernfähigkeit der Vögel, an die Tarn- und Warnmöglichkeiten der Insekten oder an die Entwicklung der Schallortung bei den Fledermäusen, mit deren Hilfe sie sich im Dunkel der Nacht orientieren und Beute aufspüren, oder an die Warntöne, die manche Bärenspinner erzeugen, um nicht gefangen zu werden. Bislang wissen wir wenig über die Entwicklungszyklen und die Verhaltensmuster tropischer Insekten, obwohl sie in den Sammlungen unserer Museen gut vertreten sind. Es gibt noch viele interessante und wichtige Fakten und Daten, die zu erforschen sind; doch das ist zum Teil noch Aufgabe künftiger Generationen von Forschern.

Das Wunderbare am Verhalten der Insekten ist, daß es genetisch in einem Gehirn von der Größe eines Stecknadelkopfs programmiert ist. Dort liegt die biologische Uhr, liegen die Stimulatoren, die Hemmer und Förderer neuer Evolutionsstrategien. DNS (Desoxyribonukleinsäure), die steuernden Moleküle im Gehirn eines Insektes oder eines Menschen, nehmen wenig Rücksicht darauf, ob sie einen kleinen Käfer oder deren Konservator produzieren sollen. Die Erforschung dieses schillernden biologischen Urwalds hat noch kaum begonnen.

8

Warum ist es so wichtig, daß wir immer mehr über das Verhalten der Insekten lernen? »Der Mensch hat lediglich begonnen, das komplizierte Gewebe der Beziehungen zwischen den Arten auf unserem Planeten zu dokumentieren«, sagt S. Dillon Ripley, der Sekretär bei Smithsonian, »und muß erst seinen eigenen Platz in der Natur erfassen und würdigen.«

Auf der Suche nach Verständnis seines eigenen Wesens findet der Mensch viele Aspekte seines Verhaltens, die biologisch in der dunklen Vergangenheit verwurzelt sind, von den ersten Einzellern bis zu den Affen. Die Tiere sind in der Natur den gleichen grundsätzlichen Problemen gegenübergestellt wie auch der Mensch. Sie können sie jedoch auf zahlreiche, wunderbar verschiedene Weise lösen. Es ist das Wissen darum und die Vertrautheit damit, die einen jungen Naturfreund dazu bringt, den Schmetterling eher mit der Kamera als mit dem Netz »einzufangen«. Es mag auch die unerbittliche Lust des Homo sapiens am Jagen und Schießen dämpfen, so daß er eines Tages vielleicht lieber mit der Kamera als mit der Büchse schießen wird – vielleicht!

Kleine Anfänge
einer großen Leidenschaft

Es war in einem Herbst – ich war damals gerade 13 Jahre alt –, als meine Familie in eine kleine englische Stadt zog, etwa 20 km von Bedford entfernt. Während der folgenden fünf Jahre mußte ich mit dem Bus zur Schule fahren. Es gab nur wenige Kinder in meinem Alter, die diese tägliche Pilgerfahrt unternahmen, aber es gab da einen Jungen, der zwei Jahre älter war als ich und dazu bestimmt, mein Leben grundlegend zu beeinflussen.

Simon Barnes war alt genug, um mir Respekt abzuverlangen, aber noch nicht soviel älter, um mich nicht noch erträglich zu finden. Ich war außerordentlich beeindruckt von seinen Fähigkeiten am Klavier, von seinem Rennrad und seiner Schmetterlingssammlung. Im Winter überredete ich meinen nicht gerade reichen Vater, mir ein Klavier zu kaufen, das ich fortan kleinzukriegen versuchte. In den Zeiten, wo sich meine Finger erholen durften, bohrte ich Löcher in den Rahmen meines gewöhnlichen Tourenfahrrades um es leichter zu machen und den Eindruck eines Rennrades zu verstärken. Dann kam der Frühling und mit ihm die Schmetterlinge. Simon und ich waren unzertrennlich und wir radelten jeden Tag Dutzende von Kilometern, um gute Plätze ausfindig zu machen, an denen es neue Arten für unsere Sammlungen zu fangen gab. Von den nur 68 einheimischen Tagfalterarten, die in England bekannt sind, hatten wir bald die Mehrzahl eingefangen. Innerhalb weniger Monate hatte Simon mich nach seinen Vorstellungen umgeformt, ein Ziel, das mein Vater während eines Jahrzehnts nicht erreicht hatte. Nach Abschluß der Schule wählte Simon den Beruf eines Landvermessers und ich den eines Entomologen. Hätte ich wohl diese Laufbahn gewählt, wenn ich nicht mit Simon Barnes zusammengetroffen wäre? Sehr wahrscheinlich nicht. Es ist ziemlich außergewöhnlich und etwas irritierend, wie solche zufälligen Bekanntschaften auf den Lebensweg eines Menschen einwirken können. Ich bin überzeugt, daß die Freunde der Jugendzeit die einflußreichsten Leute sind, denen man jemals begegnet.

Es war während dieser frühen Periode meiner Schmetterlingsmanie, daß ich meinen Vater überreden konnte, mit mir nach Wicken Fen zu fahren, wo die letzten englischen Schwalbenschwänze (Papilio machaon) vorkommen. Dieser Falter war schon damals gesetzlich geschützt, und die Freilandpopulation wurde regelmäßig durch gezüchtete Falter verstärkt. Das Sammeln von Schwalbenschwänzen war verboten, aber ich beschloß, heimlich einen Fang zu machen, wenn mich niemand beobachtete. Kurz nachdem wir angekommen waren, lief ich auf einem schmalen Pfad durch das hohe

Gras und bemerkte plötzlich eine Art von Schmetterling, die ich vorher noch nie gesehen hatte. Als das Tier in seinem Wanderflug auf mich zukam, fing ich es mit meinem Netz und erkannte sofort, daß es eine seltene Variante des C-Falters (Polygonia c-album) war. Ich hatte gerade das Leben dieses Falters durch Zusammendrücken seiner Brust beendet, als ich zwei Männer in der Nähe bemerkte, die, wie ich rasch erkannte, den soeben gefangenen Schmetterling verfolgt hatten. So schnell ich konnte lief ich weg und verbrachte den Rest des Nachmittags zusammen mit meinem Vater beim Studium der Lebensvorgänge an einem Tümpel; er war höchst geschmeichelt.

Der Vorfall blieb zehn Jahre vergessen, bis ich als junger und unsicherer Student zum ersten Mal an einem Tee der Royal Entomological Society von London teilnahm. Ungefähr eine Stunde vor jeder der monatlichen Sitzungen der Gesellschaft treffen sich die Mitglieder in der Bibliothek,und während sie ihre letzten Forschungen diskutieren, vertilgen sie ungewöhnliche Mengen an klebrigem Gebäck. Während ich ein Rosinenbrötchen verzehrte und krampfhaft versuchte, so auszusehen als gehörte ich dazu, hörte ich das Gespräch zweier entschieden reifer Herren mit an, bei dem mir vor Erstaunen der Mund offenstehen blieb. Einer der beiden, nach meinem heutigen Wissen ein berühmter Genetiker, erzählte, daß ihm vor vielen Jahren ein ortsansässiger Naturfreund in Wicken Fen berichtet hätte, eine sehr seltene Variante des C-Falters gesehen zu haben, die erste seit vielen, vielen Jahren. Der Genetiker und sein Kollege seien mit der ausdrücklichen Absicht nach Fen gefahren, lebende Exemplare zu fangen und in Zuchtversuchen zu klären, ob die Variante genetisch bedingt oder durch Umweltfaktoren bestimmt sei. »Verdammt«, sagte der Mann, »Du wirst es nicht glauben. Wir hatten gerade ein Exemplar gefunden, als so ein elender kleiner Knirps aus dem Gebüsch heraussprang und es tötete. Wenn ich ihn erwischt hätte, ich hätte ihm den Hals umgedreht. Wir sahen kein weiteres Exemplar mehr an diesem Tag.« Ich schlich mich leise davon, um wenigstens nicht jetzt entdeckt zu werden, und hoffte zutiefst, daß ich diesem Mann nie wieder von Angesicht zu Angesicht bei einer Ausstellungseröffnung begegnen würde.

Freude an Insekten

Das Verhältnis zur Natur ist bei den meisten Menschen der westlichen Welt in ihrer Einstellung zu den Insekten charakterisiert. Fast jedes Insekt wird mit Abscheu zur Kenntnis genommen, als »Wanze« betrachtet und möglichst zertreten. Ist es ein Wunder, wenn in England Schuhe mit dicken Gummisohlen »Käferstampfer« genannt werden? Es scheint, als seien Marienkäfer und Schmetterlinge die einzigen, die dem allgemeinen Vorurteil, alle Insekten seien scheußlich, entgehen.

Unser Widerwille gegen Insekten ist keine Ausnahme; unsere allgemeine Feindschaft und Furcht sind nur die Folgen von Unwissenheit. Man kann nicht leugnen, daß Insekten eine Plage sind, zumal sich ihre Stiche entzünden können und eine Gefahr bedeuten, wenn sie Krankheiten übertragen. Aber, objektiv betrachtet, sind auch die schädlichen Insekten schön.

Es stimmt mich traurig, daß sich so viele Leute die einfache Freude versagen, die ausgesuchte Eleganz selbst der gewöhnlicheren Insekten zu würdigen. Es ist nicht nur die prächtige Form ihres Hautpanzers, sondern auch die außerordentliche Vielfalt ihres Lebens, die die Insekten zu solch einer faszinierenden Quelle des Entzückens macht. Ein kurzer Blick genügt, um mit Hilfe einer Lupe eine ganze neue Welt voller Schönheit zu entdecken. Die Bilder dieses Buches lassen etwas von der Erregung ahnen, die den Entomologen beim täglichen Entdecken neuer Formen und Farben befällt.

Auf die Frage, warum es überhaupt Insekten gibt, geben verschiedene Leute auch die verschiedensten Antworten. Als Evolutionist wäre meine Antwort, daß sie die überlebenden Vertreter eines natürlichen Systems sind, das Tiere und Pflanzen unerbittlich auf ihre Anpassungsfähigkeit hinsichtlich ihrer Umwelt auswählt, der Selektion unterwirft. Die Untersuchungen an fossilen Insekten haben ergeben, daß sie seit fast 400 Millionen Jahren die Erde bevölkern, aber erst vor 250 Millionen Jahren ihre tatsächliche Bedeutung erlangt haben. Aus dieser Zeit haben wir Überbleibsel, die unseren Eintagsfliegen, Libellen, Käfern und Schaben ähnlich sind. Indessen mußte die enorme Aufspaltung in den jetzigen Überfluß und in die Verschiedenartigkeit bis zur Entwicklung der Blütenpflanzen warten, zu denen sie heute als Bestäuber und als Parasiten sehr enge Beziehungen haben.

Schädlinge sind nur deshalb Schädlinge, weil sie direkt zum Menschen in Konkurrenz treten. In einer menschenleeren Umwelt ist die Vielfalt von Pflanzen und Tieren so groß, daß keine einzelne Art eine Massenvermehrung erreicht. Wird ein Organismus sehr zahlreich, dient er als Nahrung eines anderen und die Population verringert sich. Tiere verbreiten sich und erobern jeden kleinen Winkel, in dem sie leben können. Auf diese Weise bestehen natürliche Gesellschaften aus einem dichten Gewebe in sich verschlungener Nischen, von denen jede fein eingefügt von einer bestimmten Art bewohnt wird. Klimaveränderungen oder die Einführung eines neuen Tiers verändern das unsichere Gleichgewicht der Organismen in der Gesellschaft und die Zusammensetzung der Arten verändert sich, bis ein neues Gleichgewicht erreicht wird.

Heute werden Wälder geschlagen, wird Gebüsch verbrannt, werden Wasserläufe verändert und unsere Städte ufern aus. Und hier zeigt sich die menschliche Einwirkung als die ernsthafteste störende Kraft. Aber mehr als auf jede andere Weise hat der Mensch die Natur aus dem Gleichgewicht gebracht, indem er oft riesige Flächen ausschließlich mit einer einzigen Pflanzenart wie z. B. Mais, Weizen, Reis, Erdnüssen oder anderen Nutzpflanzen bebaut hat. Wir sollten nicht überrascht sein, daß in diesem *Monokulturensystem* einmalig große Populationen von Insekten entstanden sind, denn, immer wo Nahrung vorhanden ist, wird ein Tier sie ausnützen. Die Insekten sind wegen ihrer Beweglichkeit und widerstandsfähigen Fortpflanzung die ersten Organismen, die zahlreich genug wären, um Beachtung zu finden. Für einen Entomologen sind diese Einblicke in das heutige Leben der Insekten nur Teile der Faszination, die im Verständnis ihrer Lebensweisen liegt.

Wohin man immer schaut, man findet Insekten, manchmal sogar in Zigaretten oder in Haferflocken. Trotzdem wurde die Verwendung von Insekten als menschliche Nahrung weitgehend vernachlässigt, obwohl in Afrika Wanderheuschrecken keineswegs als wertlos gelten, sondern sogar regelmäßig gegessen werden. Vor einigen Jahren aß ich, in einem Anfall von Neugierde, eine Heuschrecke und war erleichtert festzustellen, daß sie nur nach gekochtem Fett und Packpapier schmeckte. Ich aß zuerst ein Weibchen, vielleicht aus chauvinistischen Gründen, und meine nachlassende Begeisterung ließ keinen zweiten Versuch mehr zu. Vielleicht sind allerdings Männchen ein Hochgenuß für Feinschmecker!

In unserem Zeitalter des chronischen Eiweißmangels bei den ärmeren Völkern ist es ermutigend zu hören, daß die von Insekten gelieferten Grundstoffe nicht ganz übersehen werden. In einer neueren wissenschaftlichen Arbeit berichtet Kenneth Ruddle über die insektenessenden Yulpa-Indianer an der Grenze zwischen Venezuela und Kolumbien. Diese Indianer behaupten, daß Nashornkäfer besonders delikat seien, nicht weil sie so gut schmeckten, sondern weil sie eine Menge Fleisch enthielten. Ruddle erklärt: »Bei der Zubereitung der Käfer entfernen die meisten Erwachsenen die Beine, Flügel, Brust und Kopf. Der Hinterleib wird dann auf ein Stäbchen gespießt und vorsichtig über dem Feuer geröstet. Andere, insbesondere Kinder, essen diese Käfer in rohem Zustand. Die Flügeldecken (Elytren) und die Hinterflügel werden manchmal zu Halsschmuck verwendet, die Schenkel zum Trennen der Perlkugeln.«

Obwohl eingelegte Käfer, die angeblich wie Mandeln schmecken, von Straßenhändlern noch vor 50 Jahren in China verkauft wurden, werden bei uns Insekten nur dann als genießbar betrachtet, wenn sie mit Schokolade überzogen als Cocktaildelikatessen serviert werden. Ich möchte wissen, ob sich der Verkauf verringern würde, wenn mehr Leute wüßten, daß Honig ein Produkt ist, das von einem Insekt bereits verschluckt und wieder herausgewürgt wurde?

Meine Wertschätzung der Insekten als Quelle der Freude hindert mich nicht daran, Exemplare zu Studienzwecken zu töten, ich würde aber davor zurückschrecken, wenn man mich mit dem Töten von Schimpansen, Elefanten oder Hunden beauftragen würde. Worin liegen hier die Unterschiede? Ich bekenne, ich weiß es nicht. Peter Singer, Mitarbeiter in »Animal Liberation: A New Ethic for Our Treatment of Animals«, geht von den bekannten aber unbequemen Vorurteilen des Rassismus und des Sexus aus und kommt zu einem neuen und wenig bekannten Vorurteil, dem »Artismus«. Als Homo sapiens haben wir uns auf ein Podest der Selbstherrlichkeit gehoben, die uns nicht mehr erkennen läßt, daß andere Organismen auch ihre Rechte haben. Wenn ich somit größeren Tieren ihr Recht auf Leben scheinbar mühelos zuerkenne, so ändert sich mein Verständnis für die Rechte der Insekten, jedoch spätestens in dem Moment in dem ein Moskito in meinen Arm sticht.

Der wirklich tiefgreifende Eindruck der Entomologie als Hobby oder Beruf kommt durch die Verschönerung ganz alltäglicher Ereignisse. Ein Autokühler wird zum Minimuseum, Insekten im Haushalt werden zu Kameraden, und unter jedem Stein und verrottenden Holzstück liegen potentielle Freuden und spannende Beobachtungen.

14

Vertraut mit Insekten

Ich hatte geistesabwesend vor mehreren Tagen an einem Knoten auf meinem Handgelenk herumgedrückt, bevor ich ihn genauer untersuchte. Gelegentlich betrachtete ich das Gebilde etwas aufmerksamer und war plötzlich sehr erschrocken von dem, was ich sah. Ich hatte solch runde, bolzengroße Krater schon oft bemerkt, aber stets nur an Hunden. Dort dienten sie als Atemlöcher für Fliegenmaden, die dicht unter der Hautoberfläche ihre Nahrung fanden. Gerade zurückgekehrt von einer Sammeltour an den Hängen der östlichen Anden, erkannte ich sofort, daß ich das Opfer einer Dasselfliege (Dermatobia hominis) geworden war. Diese Fliege ist bemerkenswert, denn wenn sie ein blutsaugendes Insekt findet, etwa eine weibliche Stechmücke, so fängt sie sie und klebt ihr ein oder mehrere Eier an den Körper. Wenn später die Stechmücke bei einem Wirt Blut saugt, wird durch dessen Wärme oder Geruch das Ei zur Entwicklung gebracht, die kleine Made schlüpft heraus und läßt sich fallen. Sehr oft fallen die Maden einfach auf den Boden und gehen dort ein, aber manchmal, wie auf einem Handgelenk, landet so eine Larve auf der Haut, bohrt sich dort ein, um sich dann von tieferen Hautschichten zu ernähren.

Nachdem ich meine erste Überraschung überwunden hatte, erinnerte ich mich an ein mikroskopisches Präparat, das ich auf dem College gesehen hatte. Unter dem Deckglas war die Haut einer großen Larve der Dasselfliege mit der Beschriftung: »Entfernt aus der Haut von OWR« (O. W. Richards war mein Lehrer). Ich war beeindruckt. Aus Selbstgefälligkeit bestimmte ich, daß die Universität der Westindischen Inseln auch von mir ein solches Andenken haben sollte.

Um die Luftzufuhr zu verhindern, schmierte ich durchsichtige Salbe über die Aushöhlung und die Made kam, wie erwartet, zum Atmen heraus. Sie war enttäuschend klein und so beschloß ich, nicht ganz ohne Angst, sie zu behalten, bis ein größeres Exemplar aus ihr geworden war. Nach vier oder fünf Tagen jedoch war es mir nicht mehr ganz gleichgültig, was die Made wohl fressen würde, und ich stellte mir vor, wie sie Blutgefäße, Muskeln, Nerven und andere wichtige Körperteile verzehrte. Meine Entschlossenheit länger zu warten schwand, und so setzte ich mich hin, um die Made zu extrahieren. Ich trug Salbe in dicker Schicht auf und lockte die Made soweit heraus, bis sie nur noch mit ihren Greifhaken am Rand der Nahrungshöhle festsaß. In dieser ausgestreckten Stellung ergriff ich sie vorsichtig mit einer Pinzette und zog sie langsam heraus. Mit einiger Erleichterung fand ich nur ein Exemplar, das kaum länger als gut ein Zentimeter war, aber bestens geeignet, um präpariert und schließlich mit der Beschriftung »Entfernt aus der Haut von MGE« versehen zu werden.

In Westafrika pflegen ähnliche Fliegen ihre Eier auf die Wäsche zu legen, die zum Trocknen in der Sonne hängt. Die Eier schlüpfen, wenn die Wäsche getragen wird. Diese Tumbu-Fliegen (Cordylobia anthropophaga) werden von den Müttern sehr gefürchtet, da die Windeln ihrer Kinder bevorzugtes Ziel für die Angriffe der Fliegen sind.

Unbehagliche Erfahrungen werden schnell überdeckt von der faszinierenden Freude an der Entdeckung von Besonderheiten des tropischen Insektenlebens. So leben zum Beispiel viele tropische Pflanzen auf den Zweigen von Bäumen, wo sie ohne Kontakt mit dem Erdboden große Schwierigkeiten hätten, Nahrung zu sammeln. Einige Arten dieser Pflanzen haben das Problem der Ernährung gelöst, indem sie in besonders erweiterten Regionen ihrer Stengel ein Labyrinth von Tunnels entwickelten, deren Enden absorbieren können, deren Wände jedoch nicht. Begierig werden die Tunnels von Ameisen als Nester besetzt, und im Austausch für die Aufnahme leeren sie ihre Exkremente und Küchenabfälle an den absorbierenden Wänden ab, wo diese, wie es scheint, von der Pflanze als Nahrung aufgenommen werden. In einigen Fällen schützen die Ameisen die Pflanzen vor Angriffen anderer Insekten und sammeln und säen die Samen der Pflanze an Stellen aus, die für deren Keimen geeignet sind.

Nicht nur in den Tropen findet man solch exotische Beziehungen, eine der erstaunlichsten Verbindungen besteht vielmehr zwischen einer Ameise (Lasius) und einer wurzelsaugenden Blattlaus (Aphis maidiradicis) in den südlichen Vereinigten Staaten. Während des Winters werden die Eier der Blattläuse in ihren unterirdischen Nestern von den Ameisen gepflegt. Später, mit Beginn des Frühlings, werden die frisch geschlüpften Blattläuse von den Ameisen mit den Kiefern ergriffen und zu den Wurzeln der nächstliegenden Pflanzen getragen. Später, wenn der Mais der umliegenden Felder kräftig wächst, werden die Blattläuse eingesammelt und auf die Maiswurzeln übertragen, wo ihre Zahl während eines Sommers zerstörerische Ausmaße annehmen kann. Im Herbst sammeln die Ameisen die von den Blattläusen gelegten Eier ein und tragen sie in ihre Nester zur Überwinterung. Profitieren die Ameisen von diesem Verhältnis? Wie zu erwarten, ist Selbstlosigkeit in der Natur ebenso selten wie beim Menschen, und selbstverständlich gibt es eine Gegenleistung. Wenn eine Ameise eine Blattlaus mit ihren Fühlern streichelt, sondert diese einen Tropfen süßer Flüssigkeit, Honigtau, ab, ein Stoff, der von vielen Arten von Ameisen sehr gesucht ist und die Grundlage für ihre verschiedenen Beziehungen bildet. Es ist deshalb keineswegs erstaunlich, daß Blattläuse manchmal als »Ameisenkühe« bezeichnet werden. Es gibt auch Ameisen, die die Flügel »ihrer« Blattläuse abbeißen, um sie am Wegfliegen zu hindern.

Mit Ausnahme der Meere sind Insekten überall häufig vertreten und ihr Fehlen innerhalb der Ozeane beruht einfach darauf, daß, entwicklungsgeschichtlich gesehen, die Vorfahren der Krabben und Krebse früher dort angekommen waren. Indessen haben einige Insekten erfolgreich Gezeitentümpel und Sandstrände besiedelt, und Wasserläufer findet man auf Wasseroberflächen Tausende von Kilometern von der Küste entfernt. Man fand Insekten auf dem Schnee der Polargebiete und auf Gipfeln hoher Berge. Mit Luftnetzen, die von Flugzeugen gezogen wurden, fing man sie in Höhen von über 3000 m.

Was die Art von Nahrung betrifft, so gibt es kaum ein Material, das von Insekten nicht angegriffen wird. Einige Käfer fressen sich sogar durch Bleikabel und wir haben keine Ahnung, warum sie das tun. Man nahm an, daß es das vom Strom um die Kabel herum erzeugte elektrische Feld ist, das die Käfer anlockt, aber der experimentelle Beweis für diese Annahme ist zumindest zweifelhaft. Das Blut größerer Tiere wird von Fliegen, Flöhen, Läusen und Bettwanzen gesaugt, während andere Läuse von Haaren und Federn leben. Es gibt kaum einen Teil einer Pflanze, der nicht von Insekten gefressen wird, obwohl viele Pflanzen zur Abwehr komplexe Stoffe entwickelt haben, die Insekten und andere Pflanzenfresser davon abhalten sollen, sie als Nahrungsquellen zu betrachten. Einige dieser Inhaltsstoffe sind giftig, während andere die Verdauungsprozesse verhindern oder Unfruchtbarkeit hervorrufen. In jedem Fall wird die Zahl der Insekten verringert. Gegen jeden Verteidigungsplan gibt es aber ein oder mehrere Insekten mit speziell entwickelter Angriffsstrategie; so ist zum Beispiel Nikotin ein sehr wirksames Insektengift, der Zigarettenkäfer (Lasioderma serricone) hingegen ein weltweiter Schädling an getrockneten Tabakblättern.

Jene Insekten, deren Entwicklungsstadien völlig verschieden von denen ausgewachsener Tiere sind, haben die Möglichkeit, während ihres Lebens zwei oder mehr Nahrungsquellen auszunützen. Diese Vielfalt erhöht ihre Überlebenschance und es ist kein Zufall, daß die häufigen Insekten wie Käfer, Schmetterlinge, Fliegen und Wespen eine Entwicklung von dieser Art haben. Eine der kompliziertesten Lebensgeschichten

17

überhaupt ist die eines Käfers namens Meloidae. Die äußerst bewegliche Larve schlüpft aus einem Ei, das auf den Wurzeln von Unkräutern abgelegt wurde, und bald darauf klettert sie auf der Suche nach einer Blüte auf den nächstliegenden Pflanzenstengel. Einmal auf der Blüte angelangt, wartet sie geduldig auf die Ankunft einer bestimmten Art von Biene. Ist der entscheidende Augenblick gekommen, streckt sie sich und ergreift jeden nur erreichbaren Körperteil der Biene. Fest angehängt wird sie zum Nest der Biene zurücktransportiert, wo sie sich fallen läßt und, ohne belästigt zu werden, eine Zelle aufsucht, in der eine Bienenlarve aufgezogen wird. Sie dringt in die Zelle ein, tötet die Larve darin und häutet sich zu einer ähnlich aussehenden beinlosen Made. Sie braucht ihre Beine auch nicht mehr, denn die Biene wird sie, bis sie sich in einen erwachsenen Käfer verwandeln kann, wie ihre eigene Made ernähren.

Die sozial lebenden Insekten sind seit Jahrhunderten untersucht und bewundert worden. Bienen, Wespen, Ameisen und Termiten haben jeweils komplizierte Gesellschaften, in denen verschiedene Mitglieder für das Nahrungssammeln, für Verteidigung und Fortpflanzung spezialisiert sind. Bei der *Honigbiene* ist das Leben einer Arbeiterin in mehrere Abschnitte mit verschiedenen Tätigkeiten gegliedert. So ist eine junge Arbeiterin die ersten drei Wochen an den Stock gebunden, wo sie die Königin und die Eier pflegt, letztere zu den Eikammern trägt, den Stock säubert und ihn kühlt, indem sie am Eingang mit den Flügeln schlägt, und Angreifer abwehrt. Erst nach dieser Lehrzeit darf die »Freigesprochene« den Stock verlassen, um Nektar und Pollen einzutragen. Die ausfliegenden Bienen werden von einer zurückgekehrten Pfadfinderbiene über gute Sammelplätze informiert. Die Art der Blüten wird am Körpergeruch der Pfadfinderbiene oder an dem hervorgewürgten Honig erkannt. Die Lage der Sammelplätze wird hingegen durch den Schwänzeltanz bekanntgegeben, der erstmals von dem Österreicher Karl von Frisch 1923 erklärt wurde. Wenn die Nahrungsquelle sehr nahe beim Stock ist, erfolgt der Tanz im Kreise, ist sie weiter weg, nimmt der Tanz eine 8förmige Figur an. Wenn die tanzende Biene die Kreuzung der Linien in der Mitte der Figur überschreitet, wackelt und schwänzelt sie mit dem Hinterleib und erzeugt Summtöne. Die Schnelligkeit des Tanzes und die Zahl der Schwänzelbewegungen und Summtöne signalisiert, wie weit die Nahrungsquelle entfernt ist, während die Richtung der Acht auf der vertikalen Wand den gleichen Winkel zur Schwerkraft aufweist wie der zwischen der Richtung zur Sonne und der Fluglinie zum Futterplatz. Die ausfliegende Biene erfährt dadurch nicht nur die Art der Blüten und in welcher Entfernung sie zu suchen sind, sondern auch genau die Richtung,in der sie fliegen muß. Andere Forscher haben aufgezeigt, daß die Entfernung nicht in Flug- oder Landstrecken gemessen werden kann, sondern durch den Energieverbrauch. Da Windveränderungen die Berechnungen der Bienen ernsthaft stören, sieht man Bienen selten an windigen Tagen fliegen.

Im Winter wird die Temperatur der Bienen durch die Dichte ihres Aneinander-rückens reguliert; steigt die Temperatur, so rücken sie auseinander und verlieren schneller Wärme, fällt sie jedoch, so rücken sie enger zusammen und bilden eine kleine Oberfläche. Wenn es zu kalt ist sich hinauszuwagen, verhalten sie sorgfältig ihre Exkre-mente, um den Stock nicht zu verschmutzen. An den ersten warmen Tagen im Frühling kommt es dann zu einem tollen Ansturm auf den Ausgang.

Den weitestgehenden Fortschritt an sozialer Organisation findet man bei den *Amazonenameisen* (Polyergus) und ihrer Sklavenhaltung. Eine befruchtete Königin der Polyergus-Art sucht ein Nest der Art Formica und dringt darin ein. Bei offensichtlich geringem Widerstand tötet sie die bisherige Königin und nistet sich in der Königs-kammer ein. Die Formica-Arbeiterinnen übertragen sofort ihre Treue auf die neue Königin und sorgen sich um Eier und Larven ebenso sorgfältig wie um ihre Vorgängerin. Natürlich entstehen jetzt nur noch die aggressiven Amazonenameisen, die wegen ihrer großen Kiefer nicht selbst Nahrung eintragen können und daher von den Formica-Arbeiterinnen weiter gepflegt und gefüttert werden müssen. Bald nimmt die Leistung der Arbeiterinnen ab, da durch den Tod ihrer Königin keine neuen Formica-Arbeite-rinnen mehr entstehen können. Wenn die Arbeiterlage kritisch wird, greifen die Ama-zonenameisen ein benachbartes Nest von Formica an. Die Rückkehr gleicht immer einem Triumphzug, da jede Amazonenameise eine noch unreife Formica in ihren Kiefern transportiert, um die gesunkene Zahl der Arbeiterinnen wieder zu ergänzen. Sklaventreiber im wahrsten Sinn!

Wenn man bei diesen Verhaltensweisen noch hinzufügt, daß einige Ameisen Blatt-stückchen als Löffel verwenden, um darin weiche Nahrung in das Nest einzutragen, ist es verlockend, Insekten als klug oder intelligent zu bezeichnen und Vergleiche zwischen Insekten und menschlicher Gesellschaft zu ziehen. Wir müssen uns aber davor hüten, Tiere mit menschlichen Eigenschaften auszustatten, denn solche Anthro-pomorphismen sind Kardinalsünden der Wissenschaft.

Insektennamen

Knapp 80 km nördlich von Stockholm liegt die Universitätsstadt Uppsala, wo 1741 ein Arzt und Naturfreund namens *Carl Linnaeus (Linné)* sein Lebensziel erreichte, indem er zum Professor für Botanik ernannt wurde. Sein Interesse galt allen lebenden Organismen, und er hatte bereits im Jahre 1735 Ruhm erworben durch seine Publikation über sein *Systema naturae,* das eine neue Klassifikation von Pflanzen und Tieren enthielt. Seine Häuser in der Stadt und auf dem Land existieren noch als historische Stätten und sind ein Mekka für naturwissenschaftlich orientierte Pilger aus aller Welt.

Auch wenn Linnaeus in seiner Arbeit von »Aposteln«, die ermutigt wurden, ferne Länder aufzusuchen,um neue Pflanzen- und Tierarten zu sammeln, unterstützt wurde, ist die Zahl der Pflanzen und Tiere, die vom Beginn der Reisen 1750 bis zu Linnaeus' Tod im Jahre 1778 im Alter von 70 Jahren gesammelt und benannt wurden, erstaunlich. So wurden zum Beispiel in dieser Zeit mehr als die Hälfte der 38 Schlangenarten der Insel Trinidad von Linnaeus benannt.

Nach seinem Tode und ausgedehnten häuslichen Schwierigkeiten verkaufte die Witwe den größeren Teil seiner Sammlung an den englischen Naturforscher John Smith, der schließlich die Exemplare der Sammlung in die Obhut der Linnaean Society in London brachte, wo sie noch heute vorhanden sind. Der Rest der Sammlung, der eine bedeutende Anzahl von Insekten umfaßt, befindet sich noch immer im Museum der Universität Uppsala. Ein Exemplar zu untersuchen, das von Linnaeus vor 200 Jahren genadelt und betrachtet wurde, erzeugt eine Woge von Empfindungen und Scheu – oder ist es nur die Angst es zu zerbrechen?

Das bedeutendste Erbe, das Linnaeus hinterließ, war ein Benennungssystem aller Pflanzen und Tiere, das aus jeweils zwei Namen besteht: Ein Artname, der für diese Art von Organismus bezeichnend ist, und ein Gattungsname, der für alle nahe verwandten Arten angewendet wird. Er gliederte außerdem die Tiere und Pflanzen in die höheren Kategorien der Familien, Ordnungen und Klassen, die zum Teil heute noch in Gebrauch sind. Nach Tradition der Gelehrten des 18. Jahrhunderts waren alle seine Beschreibungen in lateinischer Sprache abgefaßt, ein archaischer Brauch, der noch heute bei den Botanikern lebendig ist. Im Idealfall sollte der Artname einen beschreibenden Inhalt haben, der das Tier charakterisiert, zum Beispiel domestica für Stubenfliege, damnosum und diabolicus für zwei blutsaugende Fliegen und irritans für den Menschenfloh.

20

Carl Linnaeus war nicht der erste Gelehrte, der lateinische Namen für Organismen verwendete, er war aber der erste, die Namensgebung im Rahmen eines umfassenden Systems durchzuführen. Danach hat sich die Benennung von Tieren mit einigem Durcheinander beladen. Aus Unkenntnis haben Naturforscher Insekten beschrieben und benannt, obwohl viele von ihnen schon beschrieben und benannt waren. Andere Forscher haben ihnen Namen zugeteilt, die vorher bereits für andere Tiere verwendet worden waren. Ein Tier als neu zu entdecken und zu beschreiben ist ziemlich einfach, zu wissen jedoch, daß es bislang wirklich unbekannt war, aber ist schwierig.

Das Problem mit den Namen wurde so schwerwiegend, daß man 1901 Gesetze erließ, die die Namensgebung festlegten und Richtlinien für die Zukunft geben sollten. Es wurde beschlossen, daß nur Namen, die nach dem 1. Januar 1758 publiziert worden waren, gültig sein sollten und danach die erste Vergabe eines Namens ausschlaggebend sein sollte. Im allgemeinen erwies sich dieses System als zuverlässig, aber fast jedes Jahr entdeckten begeisterte Bücherwürmer, daß weithin verwendete Namen für gewöhnliche Schädlinge zuvor für andere, wenig bekannte Individuen verwendet worden waren. Um solch verwirrende Fehlerquellen zu verhindern, beschloß man 1958, daß jeder Name, der mehr als 50 Jahre in allgemeinem Gebrauch war, nicht mehr geändert werden durfte.

Natürlich stellt das Benennen von Tieren und Pflanzen eine der befriedigenderen Seiten im Dasein der Taxonomen dar und selbst moderne Physiker zeigen eine Spur von Humor, wenn sie für neu entdeckte Elementarteilchen Namen wählen wie »Quark«, »Charm« und »Color«. Vielleicht erlaubt die Namenswahl dem Wissenschaftler die Ausübung einer Art von Neuerung und Künstlertum, die ihm bei der schwerfälligen und detaillierten Beschreibung wissenschaftlicher Merkmale versagt wird.

Gegen Ende des 19. Jahrhunderts war es unter den wohlhabenden Europäern Mode, eine Sammlung von Schmetterlingen anzulegen, und der Wunsch eines jeden Schmetterlingssammlers war, eine neue Art zu beschreiben und zu benennen, oder zumindest eine neue Unterart. Die Zielsetzung dieser wohlbestallten Liebhaber war, daß bezahlte Sammler auf den Spuren von Linnaeus Jüngern Tiere für sie sammelten oder daß diese von professionellen Händlern und Sammlern gekauft wurden. Der Kaufwert eines Exemplars mit genauem Fundort und Datum war stets höher als jener ohne solche Daten. Unvermeidlich wurden viele Exemplare mit fabrizierten Daten versehen, um den Preis zu erhöhen. Viele dieser nach Laune etikettierten Insekten fanden den Weg in unsere Nationalmuseen. Die Probleme, die damit geschaffen wurden, brauchen nicht aufgezählt zu werden.

In ihren Anstrengungen neue Arten zu beschreiben, wurden die Sammler gezwungen, jedes Exemplar Schuppe für Schuppe zu untersuchen, wobei die kleinste Abweichung vom Normalen für wert erachtet wurde, als neue Form oder Variante beschrieben zu werden. Die Namen vermehrten sich und die Erfindungsgabe erklomm neue Höhen der Genialität. Die Taxonomie muß sich noch heute von diesem Übermaß an Eifer erholen. Weibliche Namen traten im Überfluß auf, und man ist geneigt zu fragen, ob die Beziehungen der Namensgeber zu den angeblichen Göttinnen, nach denen sie die Arten benannten, nicht eher ätherischer Natur als charakterisierend waren.

Die internationalen Regeln verbieten ausdrücklich die Verwendung von Namen, »die einen ausgesprochen merkwürdigen, lächerlichen oder anderweitig bedenklichen Sinn nahelegen«, und »kein Zoologe sollte Namen vorschlagen, die aus irgendwelchen Gründen Anstoß erregen könnten«.

Damit spätere Wissenschaftler sichergehen können, daß Namen richtig angewandt werden, wird der Beschreiber einer neuen Art aufgefordert, das von ihm untersuchte Exemplar an einem namhaften Aufbewahrungsort zu hinterlegen. Die *Typen,* wie diese einzigartigen Exemplare genannt werden, haben einen hohen wissenschaftlichen und finanziellen Wert, denn sie sind unersetzbar. Museumsverwalter wetteifern um den Erwerb solcher Typen, denn damit vergrößern sie das Ansehen ihrer Sammlungen. Scharlatane unter den Entomologen sind bekannt dafür, neue Arten zu beschreiben in der Hoffnung, daß ein Museum viel Geld für die Anschaffung solcher Typen ausgibt. Glücklicherweise sind solche Erscheinungen heute selten, zumal die Museen über urteilsfähige Konservatoren verfügen.

Die Unerläßlichkeit einer Klassifizierung in Typen stellte ein Kollege unter Beweis, als er vor einigen Jahren seine lebenslangen Studien an Winkerkrabben veröffentlichte. Die Beschreibung einer neuen Winkerkrabbe, dargelegt von einem deutschen Zoologen des 19. Jahrhunderts schien äußerst merkwürdig. Das Tier paßte in kein vernünftiges Klassifizierungsschema. Als sich dem Kollegen die Möglichkeit bot, das Deutsche Museum, in dem die Typen aufbewahrt wurden, zu besuchen, fand er die Erklärung. Damals, als der oben erwähnte Zoologe das Tier untersuchte, muß es ihm aus irgendeinem Grunde zu Boden gefallen und dadurch beschädigt worden sein. Vermutlich aus Furcht vor Unannehmlichkeiten ließ er es reparieren. Der Reparator muß allerdings Teile einer anderen Krabbe hinzugefügt haben. Die danach entstandene Beschreibung beweist die Qualität der Restaurierungsarbeit. Der Zoologe und sein Techniker hätten es jedoch besser wissen sollen, denn der Reparator hatte einen weiblichen Hinterleib an Brust und Klauen eines Männchens geklebt. Viele junge Professoren der Entomologie mußten schon entdecken, wie leicht man Insektenteile aneinanderkleben kann, nachdem sie von Studenten in gespielter Erregtheit über ein »bemerkenswertes neues Insekt« getäuscht worden waren.

Manchmal ist es nicht leicht zu entscheiden, ob ein Irrtum oder ein Scherz vorliegt. So beschrieb zum Beispiel Linnaeus einen neuen Schmetterling als Gonepteryx eclipsis. Das von ihm untersuchte Exemplar ist noch vorhanden und ist ein gewöhnlicher europäischer Zitronenfalter, dessen Flügel bemalt wurden. Wußte er das? Sicher wurde so ein erfahrener Naturforscher nicht so leicht getäuscht. Oder doch? Wir werden es nie erfahren.

Insektenfriedhöfe

In der Welt der Insekten wäre die Geriatrie überflüssig, denn eine zu lange Lebensdauer ist kaum ihr Problem. Die meisten Insekten ereilt der Tod durch schlechtes Wetter, Hunger, Krankheit oder in den Klauen eines Feindes. Sehr wenige haben das Glück, sich in die Elite einreihen zu dürfen, indem sie von einem Entomologen gefangen werden.

Wegen ihrer harten Körperoberfläche sind *Skarabäen,* die man in den Gräbern der alten Ägypter fand, besser erhalten als die Mumien, denen sie beigegeben wurden, aber auch ohne dieses ideale trockene Klima haben viele Insekten auf Nadeln über 200 Jahre in den Museen überlebt. Die Aufbewahrung präparierter Insekten ist eine der Hauptaufgaben der Naturkundemuseen, wobei die größeren »Mausoleen« viele Millionen dieser präparierten Tiere umfassen. Konservatoren rechnen gewöhnlich, daß selbst das gemeinste Insekt im Museum einen Wert von mehreren Mark repräsentiert, denn jedes Exemplar mußte gefangen werden, getötet, aufgeweicht, genadelt, gespannt, damit Beine und Flügel in die richtige Lage kommen, etikettiert, bestimmt und schließlich in die richtige Schublade zu seinesgleichen eingeordnet werden. Die weniger häufigen Arten sind nur deshalb wertvoller, weil sie schwieriger zu finden und zu fangen sind, denn die übrigen Kosten bleiben dieselben.

Kein Konservator ist stolzer auf seine Sammlung als die ernsthaften Amateursammler, von denen einige sogar Bankfächer gemietet haben, um ihre Schätze zu sichern. Eine Sammlung kleiner Käfer, die ich in Cambridge, England, sah, war in Tausenden von Streichholzschachteln untergebracht, die in vom Boden zur Decke reichenden Schrankwänden zusammengeklebt waren. In jeder Schachtel befanden sich ein bis sechzehn Käfer, jeder exakt präpariert und auf rechteckige Kartons geklebt. Einige der Insekten waren kaum millimeterlang, aber jeder aus diesem Heer von Zehntausenden hatte Beine und Antennen genau ausgerichtet – ein ganzes Lebenswerk.

Der Drang zum Sammeln kann sehr ausgeprägt sein und manchmal die Grenzen zur Kleptomanie überschreiten. Vor einigen Jahren besuchte ich ein bekanntes Museum, um dort die Sammlungen zu besichtigen. Ich hatte ein sehr ungewöhnliches Insekt mitgebracht, das ich nicht bestimmen konnte. Ich ging mit meinem Exemplar zu einem älteren, würdig aussehenden Entomologen und fragte ihn um seine Meinung. Da das Exemplar sehr klein sei, erklärte er, würde seine Untersuchung eine Weile dauern. Ich überließ ihm meinen Schatz und kehrte zu meinem Platz zurück. Nach kurzer Zeit spürte ich eine Unruhe in meiner Nähe und als ich aufsah, bemerkte ich den ziemlich aufgeregten Experten, der mir mit vielen Entschuldigungen erklärte, daß das Insekt beim Übertragen aus dem Sammelröhrchen auf den Mikroskoptisch zu Boden gefallen sei. Aber selbst der emsigsten Suche seines Stabes von Assistenten war es nicht gelungen, das Tier wiederzufinden. Er schien schrecklich traurig darüber zu sein. Ich verbarg meinen Ärger und meine Enttäuschung und versicherte ihm beruhigend, daß ich, nach Trinidad zurückgekehrt, sicherlich ein anderes Exemplar finden würde (obwohl ich wußte, daß ich in zehn Jahren nur eincs gcfunden hatte!). Später beim Mittagessen, erzählte ich den Vorfall anderen Wissenschaftlern des Museums. Sie schlugen sich vor Lachen auf die Schenkel. »Wieder sein alter Trick«, brüllten sie. »Wir können es kaum erwarten, bis der alte Knabe abgeht und wir seine Sammlung sehen können!« Das war ein neuer und völlig unerwarteter Aspekt der realen Welt, von der ich als naiver Tropenentomologe völlig abgeschirmt war. Ich verstehe jetzt, daß Museen schwarze Listen von Leuten haben, die während ihres Aufenthalts im Museum sorgfältig überwacht werden müssen. Trotz aller Vorsicht müssen Museen immer wieder wesentliche Verluste durch fanatische Sammler beklagen, obwohl durch die Art der entwendeten Exemplare der Dieb oft erraten werden kann. Geduldig studiert man in den Museen die Todesanzeigen und hofft auf eine gelegentliche Rückerstattung.

Das unerwartete Ableben von Liebhabern und Berufsentomologen hat schon oft zum Verlust von wertvollem wissenschaftlichen Material geführt. Einige Sammlungen mit Typusexemplaren wurden nie aufgefunden und ein gewiefter Museumskonservator ist nie überrascht, wenn es gilt historisches Material aufzuspüren. Solch eine scharfsinnige Erkenntnis wird durch die Entdeckung von Teilen der Sammlung Bracy Clarks durch Dr. Harold Oldroyd im Jahre 1962 charakterisiert. Bracy Clark (1770–1860) war Veterinärmediziner und Amateursammler von Dasselfliegen, deren Larven unter der Haut des Viehs leben. (Auch unter der Haut des Autors, siehe Kap. 3.) Clarks Beschreibungen waren mit farbigen Bildern illustriert, er übergab seine Exemplare weder einem Museum, noch hinterließ er testamentarisch Verfügungen über den Verbleib seiner Sammlung. Es gab deshalb kein authentisches Material, mit dem neuere Exemplare verglichen werden konnten. Durch Zufall traf Dr. Oldroyd in der Entomological Society of London einen Herrn, der kürzlich einen alten Insektenschrank in einem ortsansässigen Möbelgeschäft gekauft hatte. »Ja«, meinte der, »es gab da einige alt aussehende Insekten in den Schubladen, meist Käfer, aber auch einige Fliegen, Dassel-fliegen, glaube ich.« Was für ein glücklicher Zufall! Konnte es die Sammlung von Bracy Clark sein? Die darauf folgenden Vergleiche der Exemplare mit den Bildern ergaben zweifellos, daß einige der fehlenden Insekten gefunden worden waren.

Viel Zeit verliert ein Konservator mit dem Aufspüren verlorener Exemplare, von denen die meisten nicht wirklich verloren sind, sondern nur verlegt wurden oder keine kennzeichnende Etikettierung aufwiesen. Viele der frühen Taxonomen hielten es für überflüssig, ihre Typen zwecks Unterscheidung anderer Exemplare zu kennzeichnen. Darum haben spätere Revisoren das Problem, aus Tausenden von ähnlich aussehenden Museumsexemplaren Typen auszuwählen. Die Suche umfaßt zum einen Mutmaßungen über den jeweils möglichen Fundort und über verschiedene Daten, die die Etiketten enthalten können, dazu kommt die Fähigkeit, Handschriften bestimmter Autoren erkennen zu können, ebenso wie ein bestimmtes Papier, und manchmal gehört dazu sogar das Wissen um die benützte Feder. Diese Detektivarbeit ist zeitraubend, aber faszinierend.

Für den Museumsspezialisten besteht die Gefahr, daß er stets mehr und mehr über immer weniger Dinge weiß und schließlich fast alles über fast nichts, wobei er dann ähnlich leblos erscheinen mag wie seine Insekten, während der normale Sammler stets weniger und weniger über größere Gebiete weiß, bis er schließlich über alles nichts mehr weiß...

Die Sammler

Nur wenige Berufsentomologen scheinen sich der Tatsache bewußt zu sein, wie außerordentlich begünstigt sie sind, werden sie doch für etwas bezahlt, was die meisten Leute als Steckenpferd bezeichnen. Ihr ruhiges Leben mag erklären, warum eine neuere Untersuchung in den Vereinigten Staaten ergab, daß die Entomologen zu den langlebigsten Wissenschaftlern gehören. Ich glaube, daß das Geheimnis ihrer Langlebigkeit in ihrem fast unmerklichen Übergang vom Berufsleben in den Ruhestand besteht. Vorausgesetzt, daß sie sich gesunde Augen und den Zugang zu einer gut sortierten Bibliothek bewahren, können sie bis zu ihrem Lebensende arbeiten.

Das Leben eines Insektensammlers ist nie langweilig, denn, wo auch immer ihn das Schicksal hinführt, gibt es Insekten, die seiner harren. In meinen jungen Jahren pflegte ich auf dem Lande herumzulaufen und stets Augenblicke an jenen Plätzen zu verweilen, wo in längst vergangenen Zeiten Raritäten gefangen worden waren. Heute weiß ich es besser. Charles Elton, der »Vater der Ökologie«, zeigte, wie man eine erstaunlich große Anzahl verschiedener Tiere finden kann, wenn man nur intensiv und lang genug in einem einigermaßen vielfältigen Lebensraum sucht. Er und seine Oxforder Studenten machten fast die Hälfte der bekannten englischen Fauna auf einer Fläche von nur wenigen Quadratkilometern bei Wytham Woods ausfindig.

Ausgefallene Insektenarten sind keineswegs immer selten, sie sind oftmals nur schwer zu finden. Wäre eine Art wirklich selten, wie fänden dann die Geschlechter zueinander? Sicherlich wäre sie bereits ausgestorben. Oftmals erwecken die Insekten den Anschein von Seltenheit, weil sie als erwachsene Tiere nur innerhalb einer kurzen Zeitspanne des Jahres auftreten und das nur auf kleinsten Flächen, oftmals liegt es jedoch ganz einfach an der guten Tarnung, die sie gegen Beobachtungen schützt. Während ich in Trinidad Schizopteridae untersuchte, wurde ich mit der Regel »suche zuerst zu Hause« konfrontiert. Diese kleinen Wanzen sind kaum länger als ein Millimeter und waren zu dieser Zeit fast unbekannt. Einige dieser kleinen Insekten hatte man 20 Jahre zuvor am Waldboden, etliche Kilometer vom Universitätsgelände entfernt, gefangen. Voller Zuversicht besuchte ich diesen Ort und kehrte, mit Säcken voll abgefallenen Laubs beladen, zurück. Ich schüttete es in große Trichter und tatsächlich befanden sich dann nach einigen Tagen ein paar Exemplare in den Behältern, die ich unter den Trichtern aufgestellt hatte. Da waren also die Tiere, die ich suchte. Ermutigt ging ich wieder in den Wald, sammelte weiteres Laub und fand weitere Exemplare.

Dann, eines Tages fand ich mehrere Tiere im Behälter unter einem leeren Trichter. Nach einigem Nachdenken erkannte ich plötzlich, daß die Tiere von einer Lampe im Zimmer angelockt worden waren. Es stellte sich dann heraus, daß diese Insekten an den Graswurzeln auf dem Fußballplatz gleich neben dem Laboratorium lebten und auf dem ganzen Gelände gefunden werden konnten; ich hätte erst zu Hause suchen sollen!

Die Tropen sind in den letzten 200 Jahren von zahlreichen Sammlern besucht worden, und bestimmte Orte wurden berühmt wegen des offensichtlich häufigen Vorkommens interessanter Insekten. Tingo Maria in Peru ist ein solcher Platz, aber die schlichte Wahrheit ist, daß es weniger an der Besonderheit der Insekten liegt, als an einem guten Hotel, das europäische und amerikanische Sammler so behaglich finden. Eine ähnlich reiche oder beinahe noch reichere Fauna erwartet den Sammler auch an anderen, vegetationsmäßig ähnlich gelagerten Orten längs der tropischen Anden.

Sammler sind keineswegs die Abenteurer, wie wir sie uns vorstellen, denn, ebenso wie Goldsucher, halten sie sich aus Angst vor Mißerfolgen an wohlbekannte und erprobte Pfade. Das Ergebnis ist, daß die Museen voll von Insekten sind, die aus verhältnismäßig wenigen tropischen Orten stammen. Daß dem so ist, zeigen Vergleiche anhand von Verbreitungskarten bestimmter tropischer Organismen, denn viele der Fundorte werden zusammenfallen. Die größte Belohnung fällt jenem Forscher zu, der unberührtes Gebiet betritt, das vor ihm Sammler noch nicht zu erkunden wagten. Durch den Bau neuer Straßen, die bislang unzugängliche Gebiete erschließen, wie z.B. das Amazonasbecken, werden solche Neuentdeckungen gefördert.

In vielen Teilen der Welt wird das Reisen erschwert durch das keineswegs geringe Risiko, irgendwo unterwegs in eine Geiselnahme verwickelt zu werden oder als politischer Gefangener zu enden, wenn nicht gar ermordet zu werden. 1963 war ich in Kolumbien und sammelte Schmetterlinge im Tal des Magdalena-Flusses. Einen Tag nachdem ich nach Bogota zurückgekehrt war, wurde von Banditen ein mit Leuten vollbesetzter Bus gekidnappt, die aus dem Dorf kamen, in dem ich gewohnt hatte. Die Männer tötete man kaltblütig. Der einzige überlebende Mann hatte sich zunächst der Entdeckung entzogen, indem er sich unter den weiten Röcken einer recht umfangreichen Dame versteckte. Nach seiner Entdeckung hielt man ihn für so unmännlich, daß er der üblichen Entmannung, die an den Mitreisenden ausgeführt worden war, entkommen konnte.

Später, auf der gleichen Reise, wurde ich von Angehörigen der ecuadorianischen Armee gefangengenommen, weil sie annahmen, mein Schmetterlingsammeln sei nichts als ein Deckmantel für Spionage. Einmal von meiner Unschuld überzeugt, bemühten sich die Soldaten jedoch, mir beim Sammeln behilflich zu sein. Um sie nicht zu beleidigen, nahm ich die zerdrückten Tiere an, die sie mit ihren Stahlhelmen gefangen hatten. Schlechtes Material für genetische Untersuchungen zwar, doch ausgezeichnet für die Förderung internationaler und persönlicher Beziehungen.

Die Insektensammler sind ein Volk für sich, das äußerst intensiv an seiner Arbeit interessiert ist und nicht von ungefähr die Bezeichnung »Sammlernarren« trägt, die ihm Skeptiker verliehen haben. Diese Leute sind aber zu beneiden, denn sie ziehen eine Menge Gewinn und Befriedigung aus ihrem Hobby, wo immer sie sich auch aufhalten mögen. Ihr Hauptfehler liegt vielleicht darin, daß sie ihre Berufung allzu ernst nehmen. Ein berühmter englischer Entomologe pflegte Pfadfinderbuben zu beschäftigen, deren Hauptaufgabe die Suche nach interessanten Insekten war. War ein Insekt gefunden, wurde es von einem der Jungen mit einem umgekehrten Glasröhrchen gefangengehalten, während ein anderer den Auftraggeber holen mußte, damit dieser das Röhrchen verschließen und wahrheitsgemäß auf den Stöpsel schreiben konnte: »Gesammelt von (seinen eigenen Namen)«. Ein anderes Extrem stellt jener Tropenbesucher dar, der, in seinem Schaukelstuhl sitzend, die abendliche Dosis an Chinin und Gin schlürft und in regelmäßigen Abständen seiner Frau zuruft: »Ist es nicht Zeit die Lampen zu kontrollieren, meine Liebe?«

Als ich in Nigeria mit meiner Arbeit über Baumwollschädlinge beschäftigt war, spielte ich während der dort etwa fünf Monate dauernden Trockenzeit fast jeden Sonntag Cricket. Mehr ein begeisterter als geschickter Spieler, wurde ich gewöhnlich an solchen Punkten ins Feld gestellt, wo es nach Meinung des Kapitäns ziemlich unwahrscheinlich war, einen Ball zu schlagen. Während dieser verlängerten Ruhepausen »fischte« ich Larven des Sandlaufkäfers. Diese Käfer entwickeln sich aus Larven, die in Gängen von nur Bleistiftstärke im Boden leben, etwa 40 cm tief. Des Nachts und während der kühleren Abschnitte des Tages erscheinen die Köpfe dieser Larven an der Öffnung der Löcher und ergreifen jedes ahnungslose Insekt, das zufällig dort vorbeikommt. Nähern sich menschliche Schritte, so ziehen sie sich in ihre Röhre zurück und verbergen sich in einer Seitenkammer am Grunde. Das »Fischen« besteht darin, daß man einen langen Grashalm in die Röhre schiebt und wartet, bis sich die Larve darin verbeißt. Dann kann man sie manchmal an ihren »Zähnen« aus dem Loch ziehen. Vorausgesetzt, der Kapitän wechselt den Platz eines Feldspielers nicht, kann so die Wachstumsrate mehrerer Larven während einer Cricketsaison beobachtet werden. Auswärtige Spiele ermöglichen es, weiter entfernte Populationen zu sammeln.

In Karikaturen werden Entomologen in der Regel als bebrillte Herren wiedergegeben, die ein Schmetterlingsnetz schwingen, und tatsächlich ist ein Netz das brauchbarste, einfachste Instrument. Die besten *Insektennetze* werden aus feinem, durchsichtigen Perlon hergestellt, um Luftwiderstand und Gewicht möglichst gering zu halten und um die Beweglichkeit in der Luft zu erleichtern. Luxusnetze haben ausziehbare Griffe, die bis zu fünf Meter lang sein können, in dieser Größenordnung jedoch sehr unhandlich sind. Streifnetze für das Einfangen von Insekten sind aus Segeltuch gemacht, deren Ränder mit abriebfestem Leder verstärkt sind. Ein gelungenes Gerät, um Insekten von Blüten und Laubblättern zu erhaschen, erfand Michael Samways. Es besteht aus zwei Teesieben, die mit ihren Öffnungen zueinander an den Enden einer Feuerzange befestigt sind. Gipfel der Trägheit ist jedoch die Verwendung eines »Autocatchers«, eines riesigen Fangnetzes, das, auf dem Autodach befestigt, während des Fahrens »arbeitet«.

In den letzten Jahren erwies sich die *Saugfalle* als ein sehr nützliches Instrument, in das ein elektrischer Ventilator Luft und damit Insekten einsaugt, wobei letztere in einem Tötungsbehälter landen. Mit dieser Methode werden alle kleinen fliegenden Insekten unterschiedslos eingefangen. Nur sehr kräftige Flieger können sich manchmal dem Sog entziehen. Das Problem mit den herkömmlichen, verschiedenen *Lichtfallen* besteht darin, daß das Wetter oftmals nicht dafür geeignet ist oder aber die Insekten das Licht nicht anziehend finden. Die zwei Geschlechter ein und derselben Art werden erstaunlich unterschiedlich vom Licht angelockt, was zu falschen Schlüssen über das Ausmaß ihres Vorkommens führt.

Sowohl Saug- als auch Lichtfallen können so gebaut werden, daß der Fang getrennt während verschiedener Stunden des Tages oder der Nacht gesammelt wird. Solche Vorrichtungen gewähren häufig interessante Einblicke in die Fluggewohnheiten der Insekten. Beim Sammeln mit einer einfachen, selbstgefertigten Lichtfalle mit Zeitgeber konnten in Trinidad zum Beispiel die weiblichen Borkenkäfer, die für die Übertragung

einer Kakaokrankheit verantwortlich sind, nur während einer zwanzigminütigen Flugzeit jeweils morgens und abends gefangen werden. Bei solch kurzer Flugzeit besteht
die Möglichkeit Insekten mittels Lichtfallen ökonomisch zu fangen.

Die Fänge aus Lichtfallen, die man in unterschiedlich hohen Baumkronen ange-
bracht hatte, zeigen, daß manche Insekten nur in bestimmten Zonen vorkommen. In
Ostafrika errichtete man über 40 m hohe Stahltürme, um Stechmücken zu fangen, die
Infektionskrankheiten übertragen. In Trinidad war die höchste Lampe, die ich befesti-
gen konnte, 15 m über dem Boden, denn so hoch konnte ich den Kern einer Mango
werfen, an dem eine Schnur befestigt war. Das Fangergebnis zeigte, daß ein Sammler
mit seiner Lampe in Augenhöhe mindestens 25 % der vorhandenen Insektenarten übersehen hätte. Ein glattwandiges Gefäß, das mit frischen Exkrementen, faulenden Bana-
nen oder einer Mischung aus Malzbier und Sirup versehen, im Boden versenkt wird,
fängt eine bemerkenswerte Auswahl Insekten auf. Sirup und Bier (oder verdünnter
Jamaika-Rum) sind Bestandteile eines traditionellen Rezepts von Nachtfalterfängern, die
das Gebräu am frühen Abend an Baumstämme und Zaunpfähle streichen und dann
nach Einbruch der Dunkelheit die Plätze mit Taschenlampen absuchen. Betrunkene
Insekten, besonders Ameisen und Schmetterlinge, können dann mit den Fingern
ergriffen werden. Die blauschillernden Morpho-Falter aus dem tropischen Amerika
sind im Flug immer schwer zu fangen, können jedoch mit der Hand gefangen werden,
wenn sie von dem Bananen-Bier-Gemisch gekostet haben.

Früher oder später fragen sich wohl alle Sammler einmal, ob nicht auch sie zur
Ausrottung einiger Insektenarten beitragen. Es stimmt, daß die Bezeichnung »Gefährdete Art« meist das Bild exotischer Vögel, die wegen ihrer Federn, und von Nashörnern,
die wegen ihrer Hörner gejagt wurden, beschwor, heute jedoch gibt es gefährdete Arten
bei Pflanzen, Fischen, Amphibien, Insekten und faktisch Vertretern jeder Gruppe.
Nicht nur die auffälligeren Insekten sind gefährdet, die »Rote Liste« für Großbritannien
von 1973 beinhaltet z. B. auch Libellen, Heuschrecken und Käfer sowie verschiedene
Schmetterlinge.

14 der 68 britischen Tagfalterarten sind gefährdet. Haben Simon Barnes und ich vor
30 Jahren zu diesem Übel beigetragen? Vermutlich nicht, denn die tatsächliche Bedro-
hung dieser Insekten rührt nicht von den Sammlern her, sondern von der Zerstörung
der Umwelt durch die Industrialisierung und die Zunahme der Bevölkerungsdichte.

Wenn aus gewerblichen Gründen ein bestimmtes Insekt allzu intensiv gejagt wird, kann es durch das Sammeln gefährdet werden. Durch all die vielen Sammler kann auch eine nur lokal vorkommende Art allein durch normales Sammeln ausgerottet werden. Zu den ernsthaft bedrohten Insekten zählen die wunderschönen Vogelflügler Ostindiens, die jetzt durch ein Gesetz geschützt wurden. Leider erhöht sich durch diese Maßnahme der Wert dieser prächtigen Tiere nur noch mehr. Sie werden somit unbeabsichtigt der Wilderei preisgegeben, was die Tatsache beweist, daß sie in den Souvenirläden Nordamerikas und Europas ins Auge fallend ausgestellt werden.

Obwohl wir sehr viel über Insekten wissen, gibt es einfache Fragen, die wir nicht zufriedenstellend beantworten können. Warum werden einige Blattlausarten von gelber Farbe angezogen? Warum werden einige Insekten vom Licht angelockt und andere nicht? Warum ist eine mondlose Nacht mit leichtem Regen kurz vor Anbruch der Morgendämmerung am geeignetsten, Insekten mit Licht einzufangen? Warum werden einige Tagfalter von getrockneten Heliotroppflanzen angezogen? Vielleicht überläßt man die Beantwortung solcher Fragen am besten dem forschenden Wissenschaftler, aber viele tausend andere Fragen könnten von Naturfreunden beantwortet werden. Man muß kein Sammler sein, um Insekten zu studieren, aber es gibt den gewissen Anreiz, Zeit und Geduld für die Untersuchungen aufzubringen.

Es gibt wahrscheinlich mehr als eine Million verschiedener Insektenarten, die weder selten noch gefährdet sind und die unsere Beachtung verdienen. Einige der berühmtesten und erfolgreichsten Entomologen waren Geistliche, Ingenieure, Angestellte, Buchhalter und Geschäftsleute. Alles, was man braucht, um die aufregenden Vorgänge auf dem Gebiet der Entomologie zu genießen, sind Zeit und Initiative.

5

6

7

8   9

13

14

15

16

18

19

20

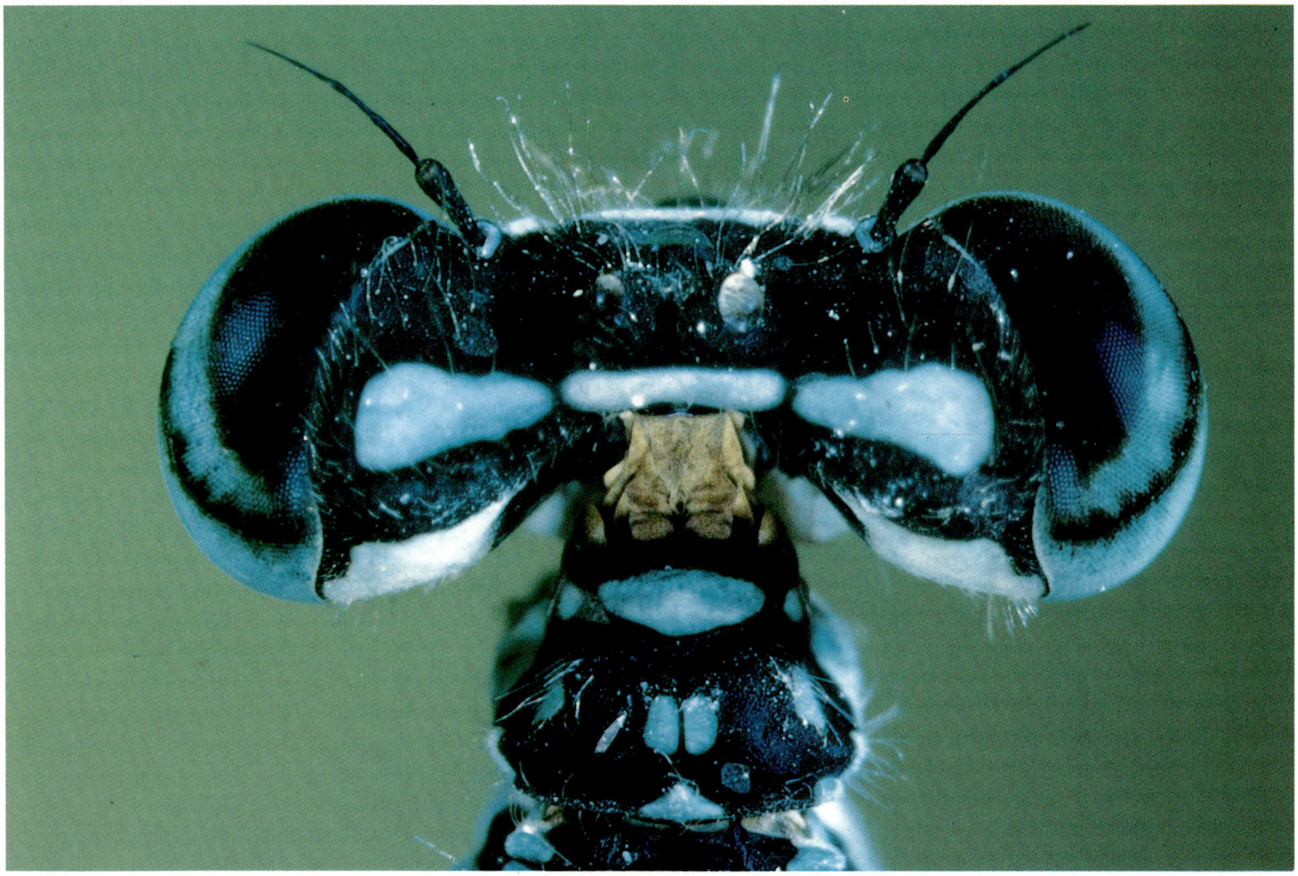

27

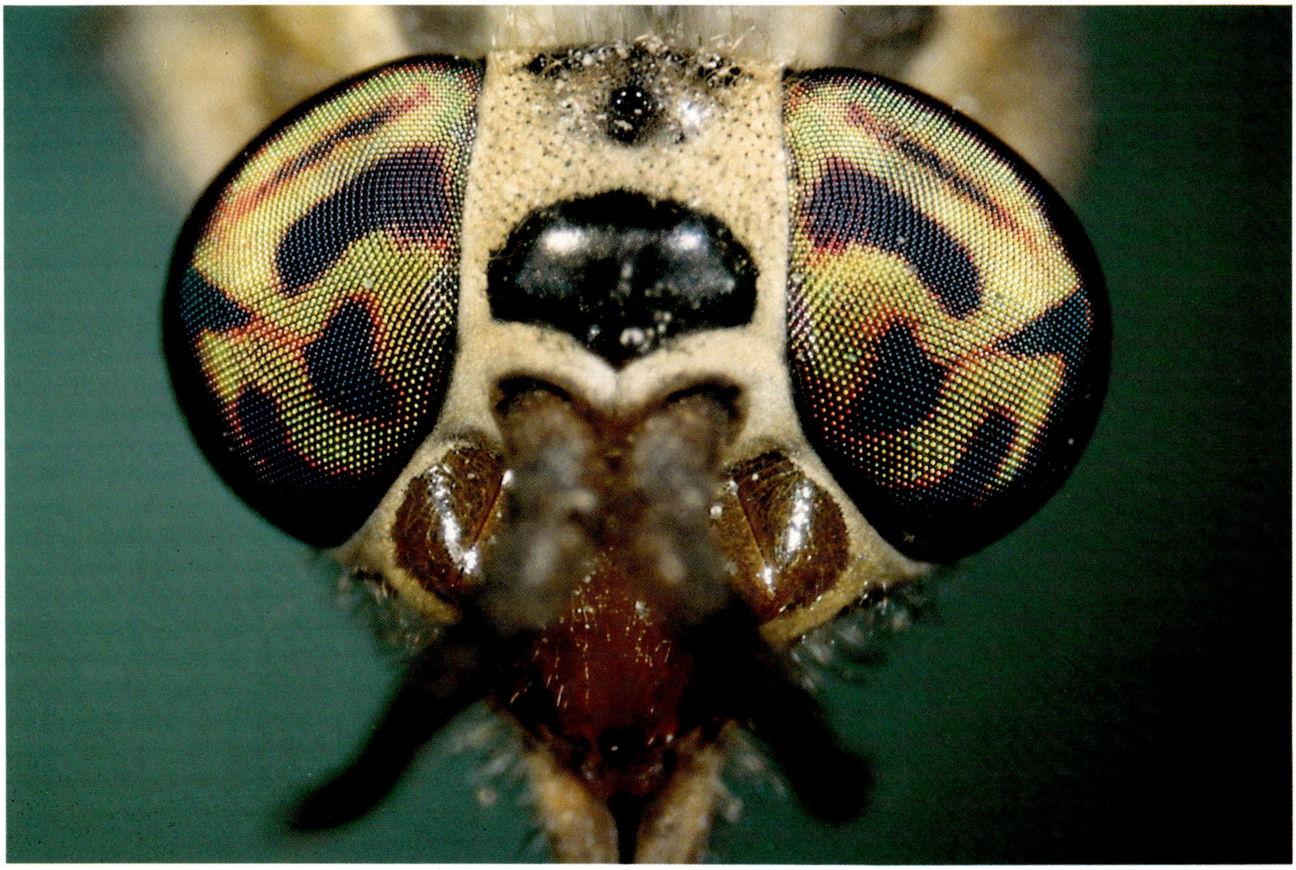

28

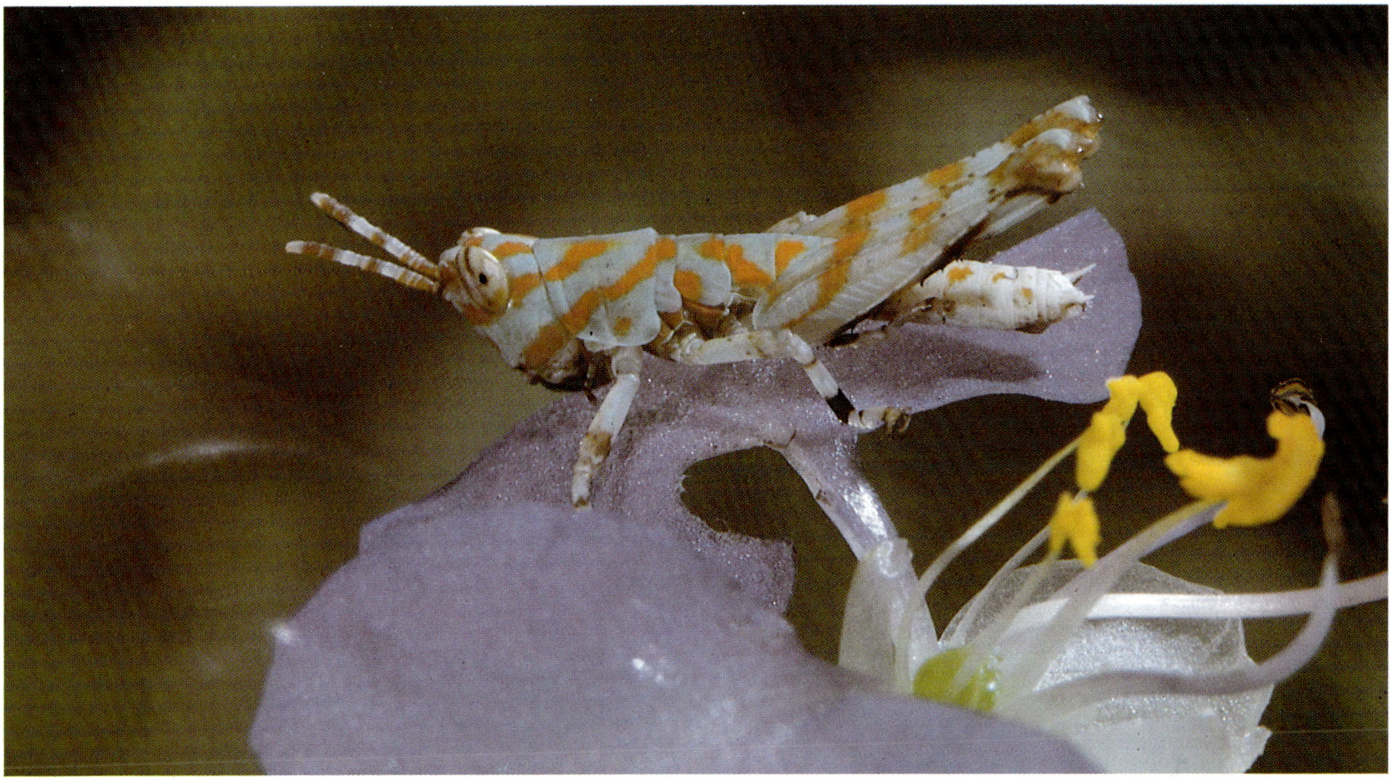

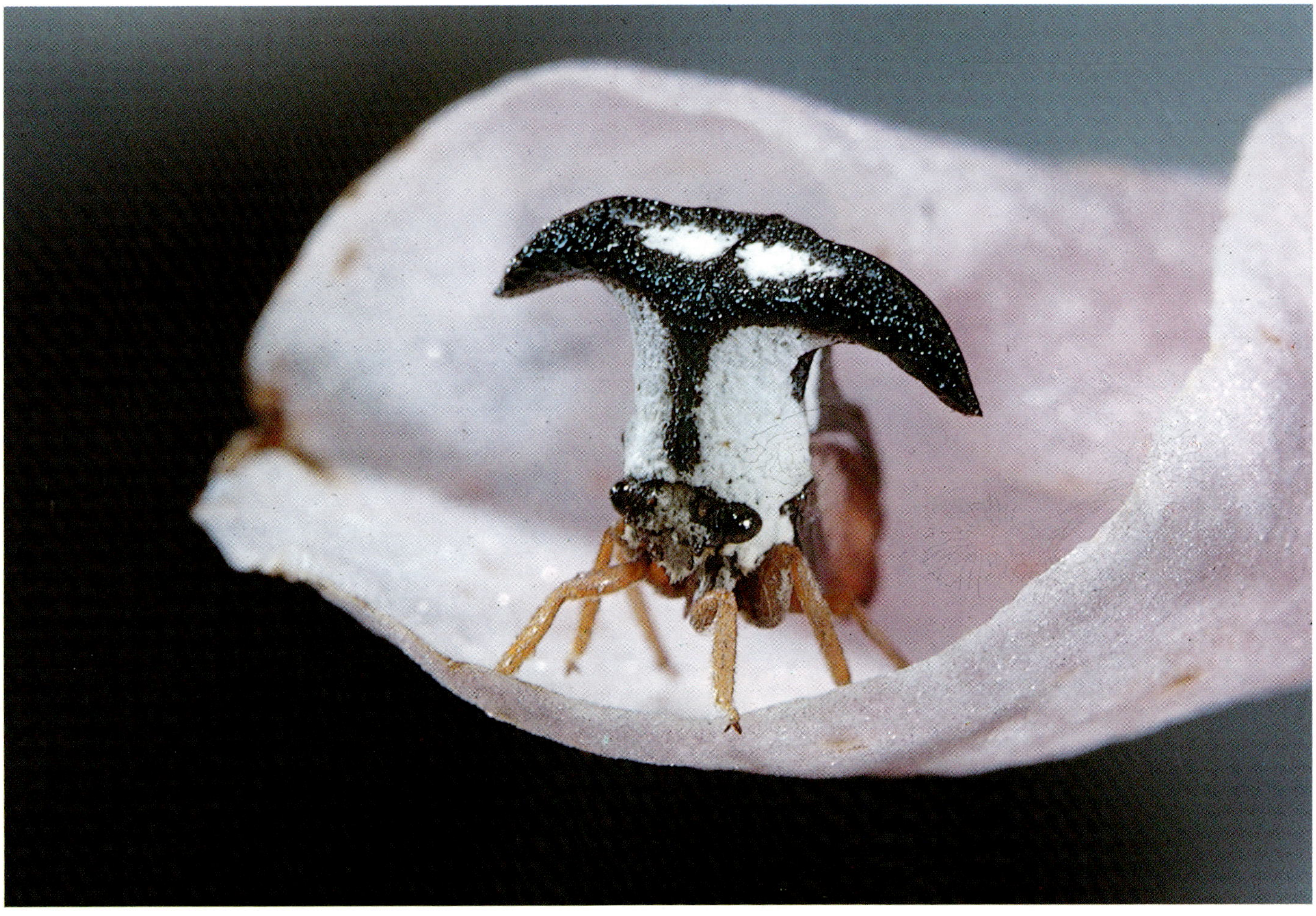

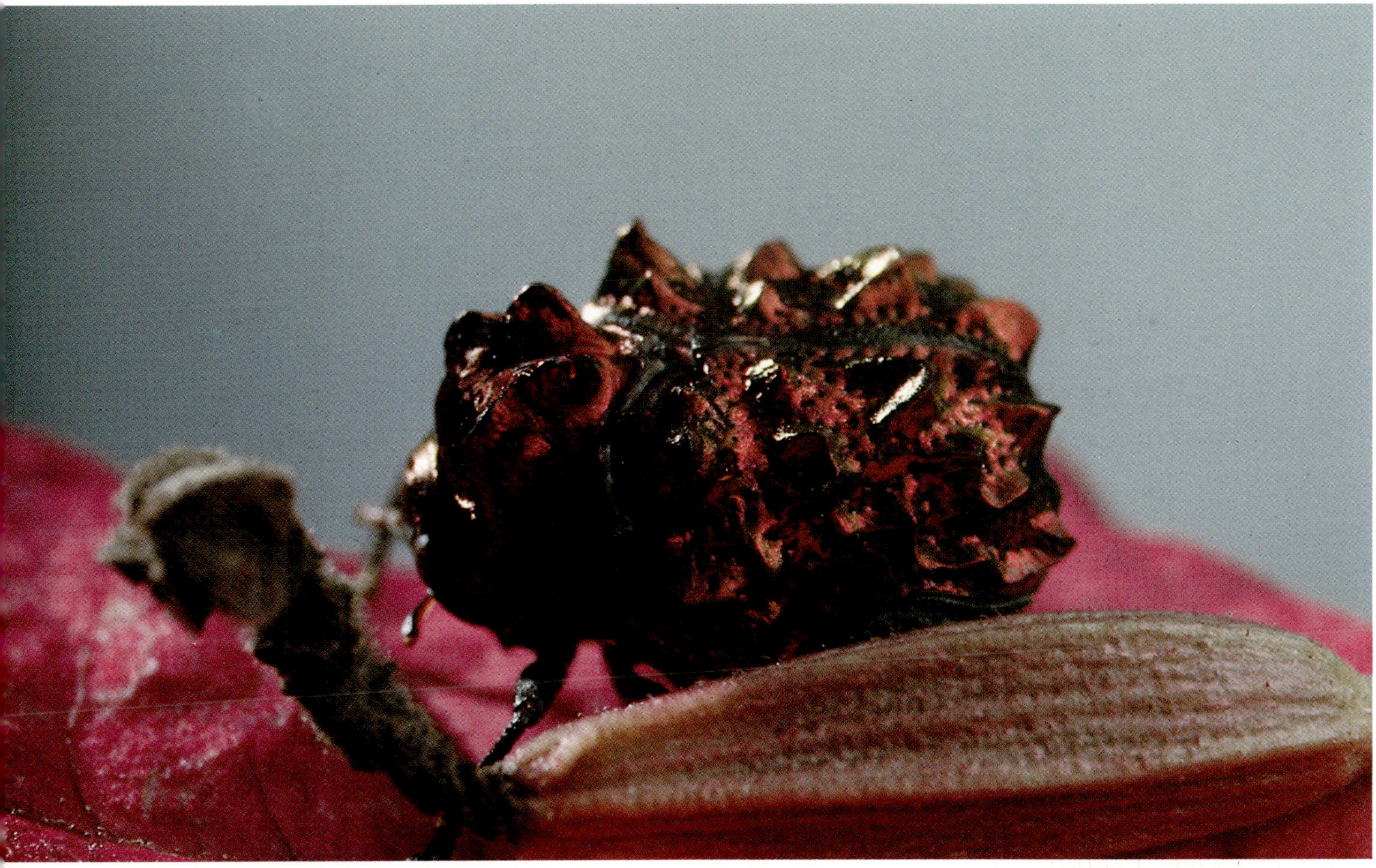

37

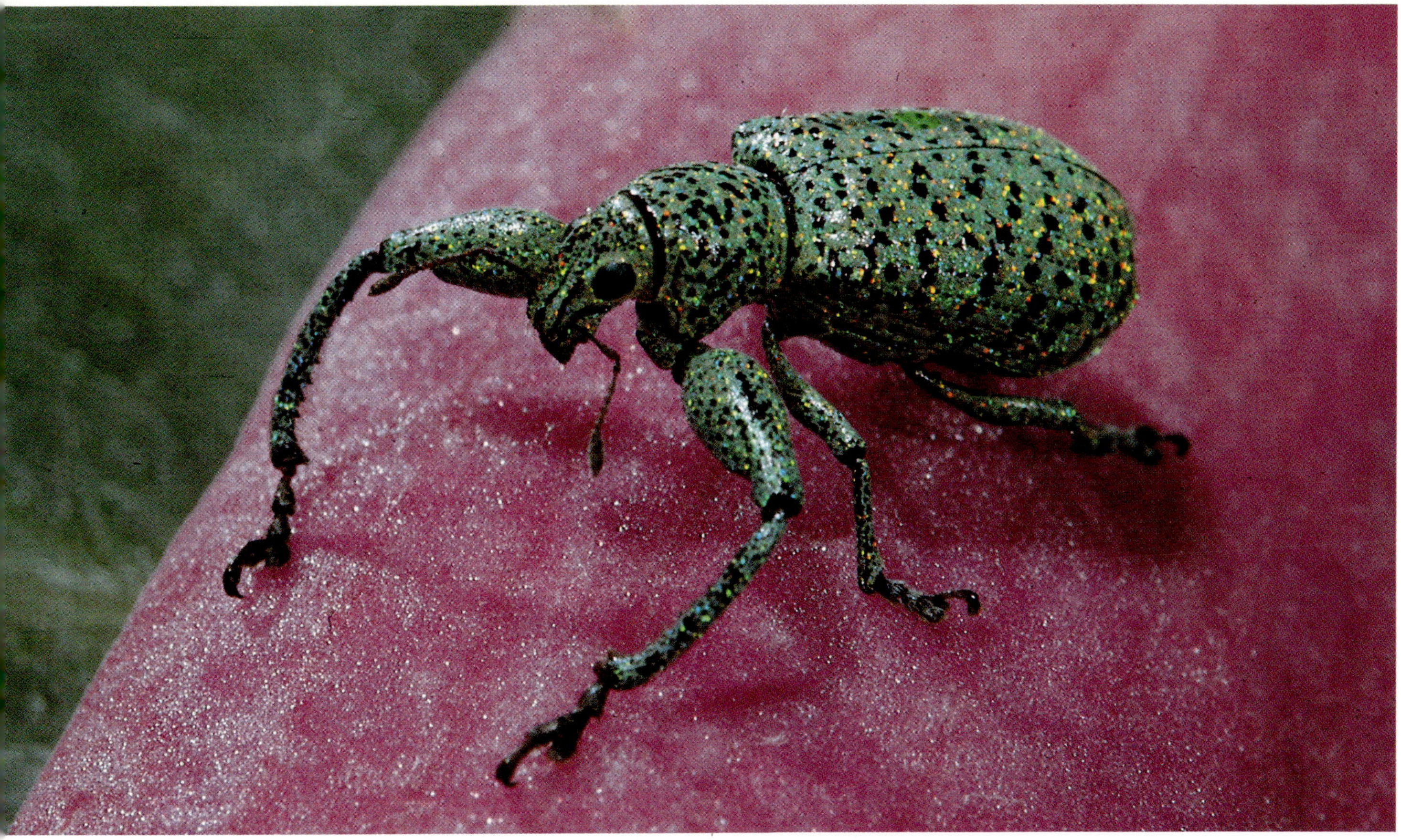

39

40

41

42

43 44

49

50

51

53

54

55

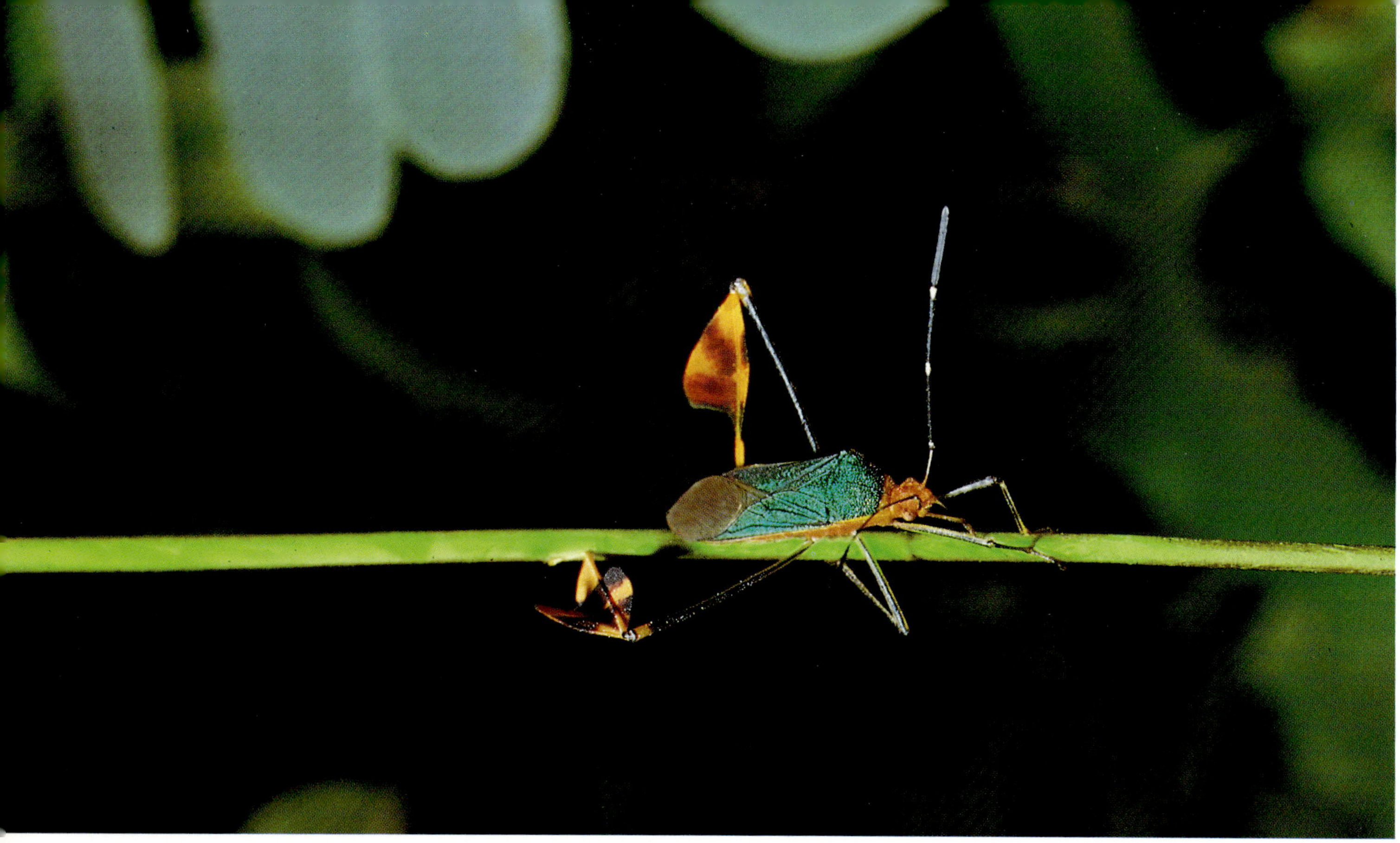

56

57

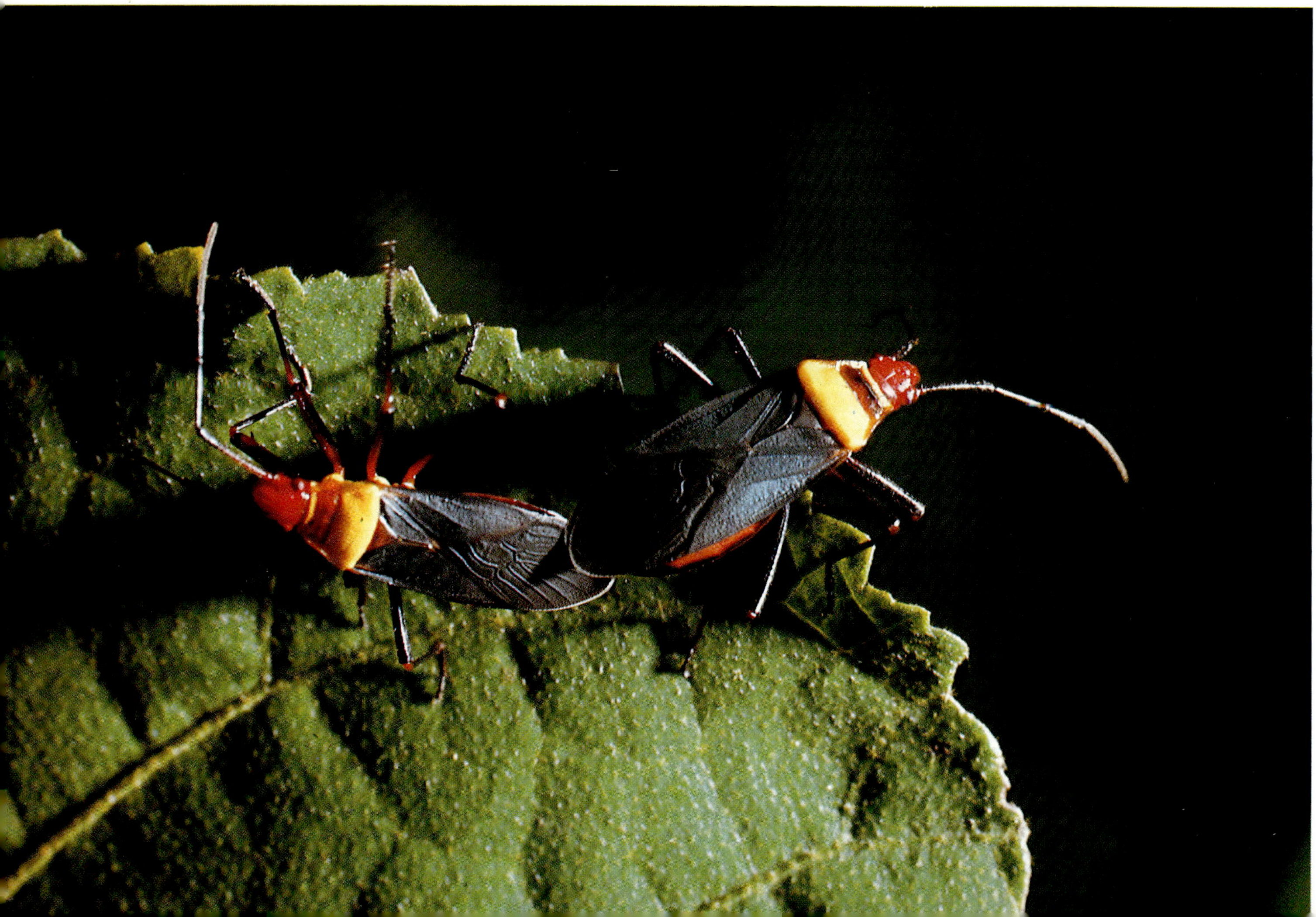

2

64

68

67   69

70

74

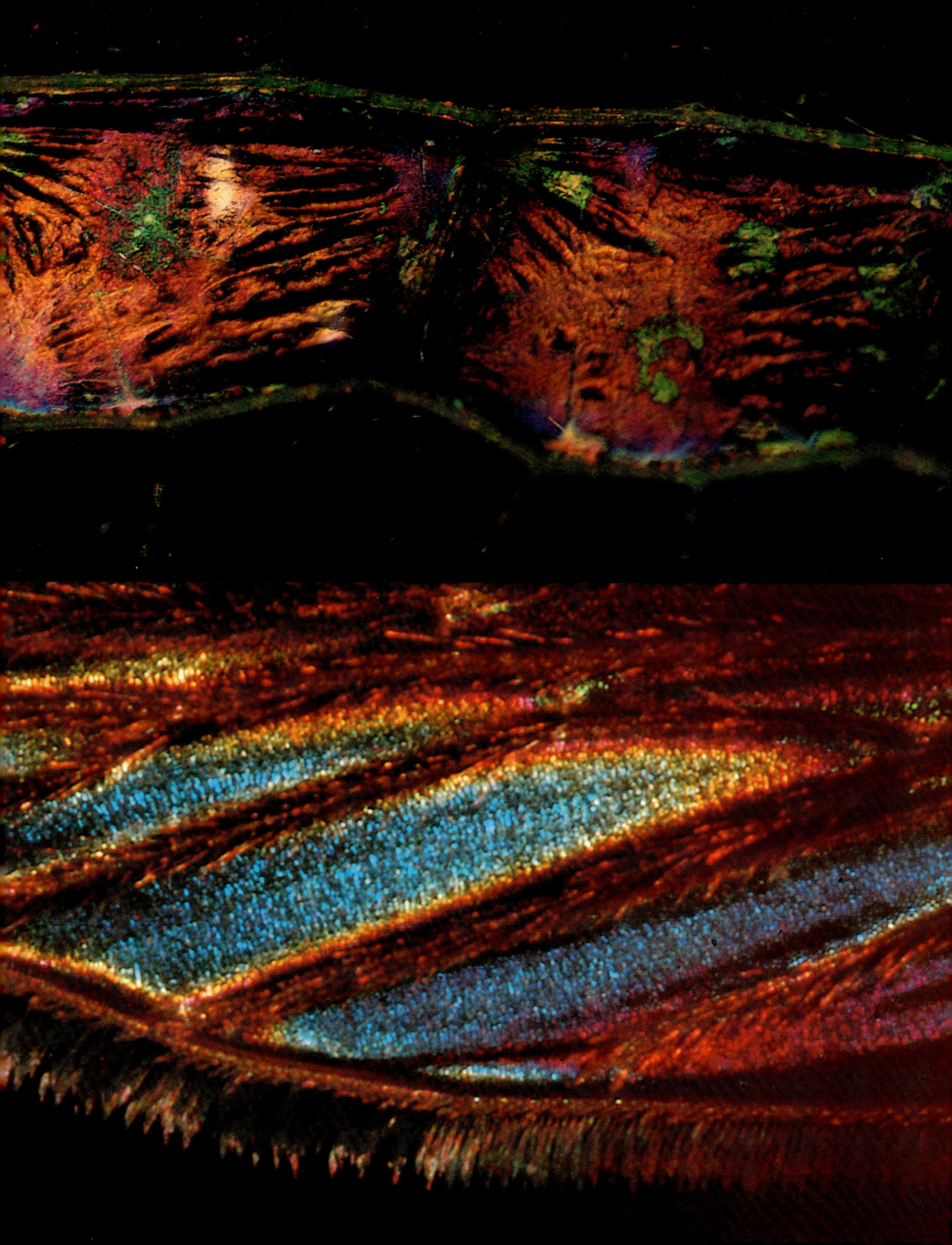

82

Bildbeschreibungen

Abbildung 1

Auf dieser Abbildung von *Leptocoris trivittatus* sieht man den saugenden Rüssel, mit dem die Wanze Pflanzensäfte aufnimmt, wie er am vorderen Teil des Kopfes hervortritt. Obwohl diese Insekten auch Blätter anstechen, holen sie ihre Nahrung meist aus den Früchten von Eschen-Ahorn, sowohl von abgefallenen als auch von solchen, die noch am Baum hängen. Der rote Farbstoff in der Haut der Insekten wird direkt aus dem Ahorn gewonnen. Wenn die Zahl dieser Tiere überhandnimmt, verbreiten sie sich so stark, daß sie auch Obstbäume befallen, wo sie aber nur geringen Schaden anrichten. Während auffallende Insekten oft schlecht riechen, sind diese hier fast geruchlos. Wenn der Herbst anbricht, sind diese geselligen Tiere häufig Hausbesucher auf ihrer Suche nach einem behaglichen Platz zum Überwintern. Obwohl harmlos, können sie doch zur Plage werden, wenn sie in großer Zahl in die Wohnungen eindringen.

Abbildung 2

»Auch die kleinen Flöhe haben Flöhe, die sie beißen«, heißt es in einem Lied. In diesem Fall sind es aber *Milben,* die sich an den Beinen der bolivianischen *Biene Euglossa piliventris* festgebissen haben. Milben sind häufige Parasiten auf größeren Insekten. Aber nicht alle diese kleinen Tiere, die man auf der Haut von Insekten findet, ernähren sich auch dort, einige benützen die Insekten lediglich als Transporter.

Abbildung 3

Diese in China fotografierte *Campososternus gemma* ist eines der vielen metallisch schillernden Mitglieder der Familie Elateridae, die ihren Namen *Schnellkäfer* von dem ruckartigen Hochschnellen beim Umdrehen aus der Rückenlage erhalten haben. Mit Hilfe eines Sporns und einer Rille am unteren Teil des Körpers kann sich ein auf dem Rücken liegender Käfer so in Spannung versetzen, daß er sich bis zu 15 cm in die Höhe katapultieren kann. Wenn er auf seinen Beinen landet, gelingt ihm die Flucht, ansonsten versucht er es wieder und wieder.

Pyrophorus ist ein großer südamerikanischer *Schnellkäfer,* fast 4 cm lang und mit drei Leuchtflecken versehen. Zwei sitzen vorn und einer hinten auf der Unterseite.

Nachts ist das von ihnen erzeugte Licht so hell, daß man eine Zeitung lesen kann, wenn man ein Glas voll solcher Käfer in der Nähe hat. Es wird sogar behauptet, daß beim Bau des Panamakanals eine Operation lediglich im Licht dieser Käfer durchgeführt wurde, da alle anderen Lichter ausgefallen waren.

Abbildung 4

Verrücktes Pflaster? Nein, nur ein Blick durchs Mikroskop auf die Flügel der *Heuschrecke Lophacris gloriosa* aus Panama (Vergleiche Tafel 66). Das Geäder versteift die Flügel im Flug und täuscht ein Blatt vor, wenn das Insekt ruht.

Abbildungen 5 + 6

Vor rund 38 Millionen Jahren wurden die beiden Insekten in einer klebrigen Harzmasse eingeschlossen, die von Nadelbäumen im nördlichen Europa abgesondert wurde. Jetzt sind sie in *Bernstein* eingebettet, dem fossilisierten Harz, und beweisen uns, daß schon vor langer Zeit Insekten vorhanden waren, die den jetzigen Formen sehr ähnlich sind. Am häufigsten findet man Fliegen, aber auch andere Arten wurden so konserviert. Die Schlieren um den Körper auf Tafel 6 kamen durch den Todeskampf des ertrinkenden Insekts zustande.

Abbildung 7

An den Hinterbeinen der stachellosen *Biene* (Meliponini) aus Costa Rica kann man die Verbreiterung zum Sammeln von Pollen erkennen. Verschiedene Arten dieser Bienen haben Völker verschiedener Größe, die von weniger als 30 bis zu mehr als 3000 Einzeltieren variieren, und ihre Bauten können bis zu 70 kg wiegen. Jeder Bau, ob in einem hohlen Baum, in einer Astgabel oder in einer Höhle im Boden errichtet, hat gewöhnlich eine Röhre als Aus- und Eingang wie auf dem Bild. Die Röhren, die meist nur 3 cm lang werden, erreichen in Ausnahmefällen eine Länge von 40 cm. Die Wände der Röhre bestehen aus Wachs, Harz und Erde. Bevor die nachkolumbianischen Siedler die europäische Honigbiene einführten, hielten die Indianer Zentralamerikas und des südlichen

Südamerikas die stachellosen Bienen für ihren Bedarf an Honig und Wachs. Obwohl diese Bienen nur einen verkümmerten Stachel besitzen, können sie, wenn man sie ergreift, eine scharfe Flüssigkeit absondern und sehr kräftig beißen.

Abbildung 8

Diese *Wespe* ist ein typischer Vertreter der Ichneumonidae, die ihre Eier in die Körper verschiedenster Insekten ablegen. Da der parasitierte Wirt stets stirbt, ist dieser Vorgang eigentlich ein verlängerter Raub. Der Ausdruck »parasitoid« wurde geprägt, um diese Lebensweise zu beschreiben. Während die junge Wespe im Innern ihres Wirts heranreift, lebt dieser noch ziemlich lange, denn die Made vermeidet es, lebenswichtige Organe anzugreifen, ehe nicht ihre Entwicklung abgeschlossen ist. Schon so mancher kleine Junge ist schwer enttäuscht worden, wenn aus der liebevoll gepflegten Raupe an Stelle eines schönen Schmetterlings nur eine ordinäre Wespe ausschlüpfte. Weibliche Wespen besitzen eine geradezu unheimliche Fähigkeit, bereits parasitierte Raupen von anderen unterscheiden zu können, und vergeuden somit keine Eier.

Abbildung 9

Diese Orchidee, eine Dendrobium-Art, ist auf den Sunda-Inseln Ostindiens beheimatet. In Hawaii aber, wohin man sie als Zierpflanze einführte, erkennen die einheimischen Bienen die Gefahr dieser Blüte nicht und bleiben mit ihrem Körper in deren enger Öffnung stecken. Jede dieser Blüten verurteilt eine Biene somit »zum Tode durch Einkerkerung« für den Versuch, ihren Honig zu stehlen. In ihrer Heimat dagegen wird die Pflanze von kleineren Bienen bestäubt, die nicht in ihr steckenbleiben, sondern für den Honig bezahlen, indem sie Pollen auf andere Blüten übertragen.

Abbildungen 10 a + 10 b

Die beiden Ausschnitte aus einem Film zeigen eine *Protopolybia pumila*-Wespe aus Panama, die Wasser aus ihrem Nest schöpft! Diese Nester werden gewöhnlich sehr sorgfältig angelegt und gebaut, so daß kein Regen eindringen kann. In Ausnahmefällen passiert es aber, daß Lecks auftreten, die schnell wieder verschlossen werden müssen. Polybia-Wespen sind wegen ihrer Angriffslust und der schmerzhaften Stiche bekannt. Es gibt neuere Hinweise, daß der Schweiß mancher Menschen die Wespen beruhigt und diese gegen Angriffe feit.

Abbildung 11

Der botanische Garten in Singapore, in dem diese *Bienen* Lotosblüten (Nymphaea lotus) besuchen, gehört zu den ältesten der Welt. Die frühen britischen Siedler errichteten überall in den Tropen botanische Gärten, und diese existieren noch immer als Oasen biologischer Kultur.

Die Blüten der Lotosblume sind nur relativ kurze Zeit geöffnet und diese Öffnungszeit muß mit der Flugzeit der sie besamenden Insekten zusammenfallen. Einige Bienen besitzen eine ausgeprägte Routine in ihren Tagesflügen: Sie fliegen bestimmte Wegstrecken täglich zur gleichen Zeit, so daß sie die Blüten erreichen, nachdem sich diese gerade geöffnet haben.

Abbildung 12

Mitglieder der Unterfamilie Cassinae (Chrysomelidae) nennt man wegen ihrer Gestalt und ihres harten Panzers gewöhnlich *Schildkäfer;* diese *Tauroma casta* von Costa Rica ist jedoch ungewöhnlich und zwar wegen ihrer flossenähnlichen Fortsätze auf den Flügeldecken. Die Weibchen einiger Schildkäferarten fallen durch ihre ausgeprägte Brutfürsorge auf; sie bewachen Eier und Larven und verteidigen sie gegen Angreifer. Die Larven anderer Arten haben die merkwürdige Gewohnheit, ihren Körper zu tarnen; sie bedecken ihn mit ihren eigenen Exkrementen, eine optische Wirkung, die noch dadurch verstärkt wird, daß die abgestreiften Larvenhäute ebenfalls befestigt werden.

Abbildung 13

Blattkäfer (Chrysomelidae) gibt es in außerordentlich vielen Formen und Größen. Die abgebildete Art *Stolas imperialis* stammt aus Brasilien. Es scheint so, daß Gott, als er

100

die Insekten schuf, die Käfer besonders geschätzt haben muß, denn es gibt fast 300 000 bekannte Arten, mehr als ein Drittel aller beschriebenen Insekten. Es gibt mehr Arten von Käfern als alle Tiere, die keine Insekten sind, zusammengezählt. Käfer gehören auch zu den größten und kleinsten Insekten: Goliathkäfer sind größer als manche Säugetiere, etwa Mäuse, während die Ptiliidae kleiner sind als manche Einzeller.

Abbildung 14

Eine Nadel durch den Panzer von *Rhabdotis semipunctata* aus Südafrika zu stechen ist mehr, als Metall und Geduld des Sammlers aushalten. Diese Käfer findet man oft an Blüten fressend. Sie fallen durch ihre Größe und prächtigen Farben auf. Vermutlich sind sie, durch ihren harten Panzer geschützt, für Feinde unangreifbar.

Abbildung 15

Der Rücken der *Buckelzirpen* (Membracidae) ist meist zu Haken, Dornen oder anderen Fortsätzen ausgezogen, bei *Oeda inflata* aus Tingo Maria in Peru hingegen in ein blattförmiges Gebilde. Der Artname für diese Buckelzirpe wurde angemessen gewählt. Die netzartige Zeichnung auf der Oberfläche ist sicher der eines Blattes ähnlich, so liegt es nahe, daß es sich bei dieser Struktur um eine Tarntracht handelt. Die Beurteilung der Trachten anderer Arten dagegen ist nicht so einfach (Vergleiche die Tafeln 16, 33, 35 und 67).

Abbildung 16

Präkolumbische Kunst? Sicher nicht, aber gegen den richtigen Hintergrund gesehen ist die mexikanische *Sponogophorus hoffmanni* nahezu unsichtbar. Ist dieses Filigran übertrieben? Vielleicht, aber die meisten der *Buckelzirpen* sind so außergewöhnlich geformt, daß sich immer wieder die gleiche Frage stellt. Die erwachsenen Tiere ernähren sich vom Saft von Bäumen, die Larven hingegen leben in der krautigen Vegetation am Boden.

Abbildung 17

Je größer das Volk der *Polybia-Wespe* wird, um so mehr füllen die Wabenreihen die ofenförmige Hülle, die hier aufgeschnitten ist, um die innere Architektur aufzuzeigen. Die Polybia-Wespen sind überall in Südamerika wegen ihrer außerordentlich schmerzhaften Stiche gefürchtet, und die Yukpa-Indianer haben sie vielleicht aus diesem Grunde für ein symbolisches Ritual gewählt: Der Vater eines neugeborenen Jungen muß für die Zeremonie Wespenlarven besorgen, die aus mehreren Polybia-Bauten geholt werden müssen, wofür aber keine Hilfe wie Feuer oder Rauch gebraucht werden darf. Das vom Vater gezeigte stille Ertragen von Schmerzen soll sich als wünschenswerte Eigenschaft auf das Kind übertragen.

Abbildung 18

Wegen der langen Haare, die die Raupe bedecken, hat man diese Gruppe *Bärenspinner* genannt. Die Haare schützen die Raupen gegen Vogelfraß, denn sie tragen scharfe Spitzen und brechen leicht ab. Viele junge Sammler mögen dies zu ihrem Ärger bemerkt haben. Die Familie der Arctiidae ist bekannt für ihre schön gefärbten Falter und Raupen, wie diese *Seirarctia echo*. In den Tropen gibt es Falter mit einer gefurchten Platte auf jeder Seite des Körpers, die, wenn sie durch Muskeln in Bewegung gesetzt werden, zirpende Laute erzeugen. Wenn der Falter im Flug eine Fledermaus herankommen hört, die sich durch Echoschall orientiert, beginnt er zu zirpen, legt die Flügel an und fällt zu Boden. Es gibt gegensätzliche Ansichten darüber, ob das Echolot der Fledermaus gestört wird, oder ob es eine Warnung vor der Ungenießbarkeit des Falters ist. Der Sturz zum Boden ist eine zusätzliche Vorsichtsmaßnahme für den Fall, daß eine unerfahrene Fledermaus das Signal nicht versteht.

Abbildung 19

Diese *Spannerraupe* wirkt wie ein Fabelwesen aus Kindertagen wie sie ihren Weg zurücklegt, abwechselnd die hinteren vier Beinpaare an die vorderen sechs heranschiebt und wieder die vorderen vorwärts schiebt. Aus den Raupen entstehen recht schwerfällig wirkende Nachtfalter der Familie Geometridae. Es gibt aber auch grüne Arten, eine sehr ungewöhnliche Farbe bei Schmetterlingen. Die grünen Farben verblassen in den Sammlungen und werden unwiderruflich gelb, wenn die Insekten in den üblichen Zyankaligläsern getötet werden. Bei Tag, wenn die Raupen weder herumkriechen noch fressen, halten sie sich unbeweglich, lediglich mit den hinteren Beinen, an einem Zweig fest und lassen ihren Körper wie einen abgebrochenen Zweig in einem bestimmten Winkel von der Unterlage abstehen. Hat ein Vogel solch eine getarnte und wie ein Zweig aussehende Raupe gefunden und gefressen, so beschäftigt er sich den Rest des Tages über damit, ähnlich aussehende Zweige zu untersuchen in der zumeist eitlen Hoffnung, noch eine Spannerraupe zu finden.

Abbildung 20

Die Raupen der Limacodidae (Eucleidae) sind als *Asselspinnerraupen* bekannt, da ihre Körperform den Asseln gleicht. Asseln haben allerdings keine solchen giftigen Dornen. Die hohen Dornen haben Giftdrüsen in ihrer Basis, die aber bei vorsichtiger Behandlung unwirksam sind, weil die Spitzen geschlossen sind. Ergreift man sie aber mit fester Hand, so gelangt das Gift unter die Haut, und die Hand schwillt schmerzhaft an und sieht, mit den Fingern daran, aus wie ein Kuheuter.

Abbildung 21

Die wirkungsvolle Arbeit eines Blattskelettierers läßt von Blättern nur die harten unverdaulichen Adern übrig. Die Raupen vieler Kleinschmetterlingsfamilien leben in dieser Weise, ganz besonders vielleicht Harrisina americana, die als großer Schädling an Weinstöcken gefürchtet ist. Das Resultat ist von stiller Schönheit, aber nicht mit jener Vollendung zu vergleichen, die von Mikroorganismen wie Pilzen oder Bakterien erreicht wird, die im Herbst das abgefallene Laub so elegant zersetzen.

Abbildungen 22 + 23

Die Lucanidae umfassen viele Arten wie *Chiasognathus granti* aus Chile (22) und *Cyclommatus imperator* (23) aus Neuguinea, deren Mandibeln zu gewaltigen, geweihförmigen Gebilden umgeformt sind. Man weiß wenig über die Funktion dieser Käfer, lediglich, daß sie bei den Männchen stets größer ausgebildet sind. Bei einigen Arten kämpfen die Männchen um ein Weibchen. Am Ende wird der Besiegte vom Sieger mit den Kiefern erfaßt und weggetragen. Die bizarren Mandibeln und andere Fortsätze lassen diese Käfer besonders ungeschickt erscheinen, und man wundert sich, wie sie überleben konnten.

Das Vorkommen von Chiasognathus im südlichen Südamerika, in Südafrika und Australien hat die Zoologen jahrelang beschäftigt. Das Vorkommen in allen drei Gebieten wird jedoch erst dann sinnvoll, seit man weiß, daß diese drei Kontinente vor etwa 200 Millionen Jahren mit Indien und der Antarktis zusammen einen einzigen Kontinent bildeten und zwar an der Stelle, wo heute der Südpol liegt.

Abbildung 24

Die mikroskopischen Oberflächenskulpturen der durchsichtigen *Flügel einer Fruchtfliege* (Drosophila) erzeugen einen farbigen Regenbogen, wenn sie mit dem Elektronenblitz belichtet werden. Die gewebeartige Oberfläche erweckt den Eindruck einer feinen Beschuppung, aber jeder Glanzpunkt ist nicht mehr als eine kleine Erhebung der Flügeloberfläche.

Fruchtfliegen sind zum einen bestens bekannt durch genetische Untersuchungen, zum anderen als Schädlinge an überreifen Früchten. Über sie sind mehr wissenschaftliche Arbeiten publiziert worden als über irgend einen anderen Insektentyp. Paul Ehrlich, ein berühmter Umweltforscher der Gegenwart, schlug tatsächlich vor, daß man alle Versuche zur Entdeckung neuer Insektenarten einstellen sollte, denn, wolle man alle bekannten Arten mit gleicher Intensität untersuchen wie die Fruchtfliegen, so würden die Bücherregale mit den wissenschaftlichen Arbeiten den ganzen Erdball bedecken.

Abbildung 25

Diese Ansicht des peruanischen *Bärenspinners* enthüllt die ausgesuchten Farben der einzelnen Schuppen mit denen die *Flügel* bedeckt sind. Die blaßblaue Färbung von Schmetterlingen wird meist von Pigmenten erzeugt, die mit der Zeit verblassen, die glänzenden Farben hingegen entstehen durch optische Wirkungen in der Struktur der Schuppen und bleiben bestehen, solange das Exemplar existiert. Nur Insekten mit diesen Strukturfarben werden im Schmuckhandel verwendet.

Abbildung 26

Neuguinea ist ein Paradies für Sammler tropischer Insekten, und es besitzt noch viele Geheimnisse, die auf ihre Enthüllung warten. Hier sehen wir erwachsene und larvenförmige Mitglieder der hauptsächlich tropischen Familie *Flatidae.* Wie die Larven vieler naheverwandter Familien, erzeugen auch diese Larven zahlreiche Wachsfäden, die ihnen ein geisterhaftes Aussehen verleihen. Wahrscheinlich dient die Wachsbedeckung als Schutz, da sie für Vögel und andere Angreifer unangenehm schmeckt und das Auflösen des Körperumrisses als Tarnung bewirkt.

Abbildung 27

Diese Kopfansicht einer blauen *Wasserjungfer* (Coenagrioniidae) zeigt die starke Entwicklung der *Augen* an den Außenseiten des breiten Kopfes, eine ausgezeichnete Anordnung für das stereoskopische Erfassen von Entfernungen. Eine leichte Bewegung des Kopfes ermöglicht einen Gesichtswinkel von 360°. Wasserjungfern und ihre größeren Verwandten, die Libellen, sind Räuber, die ihre Beute im Flug fangen. Sie benötigen dazu einen ausgeprägten Gesichtssinn, den diese Augen ihnen verleihen. Ihre sehr kleinen Fühler auf der Stirn lassen vermuten, daß der Geruchssinn bei diesen Augentieren nicht besonders entwickelt ist.

Abbildung 28

Die *Augen* dieser *Hirschbremse* zeigen ein kompliziertes Farbmuster, das durch Oberflächenstrukturen hervorgerufen wird. Diese Farbmuster wären für die Bestimmung der Arten bestens geeignet, würden sie nicht nach dem Tod verschwinden: Wenn die Haut trocknet, verändern sich die Strukturen, und die Farben verlieren sich. In vielen Teilen der Welt, besonders aber in Afrika, übertragen diese Fliegen schwere Krankheiten auf Mensch und Vieh. In einigen Teilen Rußlands kommen diese Fliegen so häufig vor, daß die Landarbeiter den Boden nur nachts bearbeiten können.

Die Larven der Tabaniden, die diese Chrysops-Art einschließen, leben in feuchten Böden. Die erwachsenen Fliegen sind deshalb am häufigsten in der Nähe von Gewässern und sumpfigen Böden anzutreffen. Sie scheinen sehr schnell zu fliegen, in Wirklichkeit erreichen sie aber kaum mehr als 35 Stundenkilometer. Im Jahr 1926 wurde behauptet, bei einer Fliege sei Schallgeschwindigkeit gemessen worden, was zwar angezweifelt wurde, sich aber lange noch als wissenschaftliches Faktum hielt.

Abbildung 29

Das zusammengesetzte Auge der Insekten kann bis zu 30 000 einzelne Linsen enthalten, von denen jede ein unabhängiges Bild entwirft. 1891 fotografierte Siegmund Exner durch ein Kirchenfenster einmal ein Kreuz, zum anderen seinen Kollegen Sir Edward Poulton und benützte als Linse die Netzhaut eines Glühwürmchens. Die aufrechte Stellung des Kreuzes und des Kollegen waren gut zu erkennen und aus vielen Einzelteilen zusammengesetzt, etwa in der Art eines groben Rasterbilds in einer Zeitung. Wenn wir in das *Auge* eines lebenden Insekts schauen, das nur relativ wenige Einzelteile aufweist, reflektieren die Einzelteile, in die man direkt hineinschaut, kein Licht und erscheinen dadurch schwarz. Durch diesen optischen Effekt entsteht die falsche »Pupille« der *Laubheuschrecke Microcentrum rhombifolium,* die hier abgebildet ist. Bewegt sich der Betrachter um das Auge, so wandert diese Pupille mit.

Abbildung 30

Die horizontale Linie über den *Augen* dieser *Bremse* ist, wie auf Tafel 28, ein optischer Effekt, hervorgerufen durch die Oberflächenstrukturen der Einzelaugen. Mehrere Arten der Gattung Tabanus, einschließlich dieser aus Washington D.C., haben intensiv grüne Augen, die den größeren Teil des Kopfes einnehmen. Mancherorts nennt man sie daher »Grünköpfe«. Die Weibchen müssen einen guten Gesichtssinn haben, denn sie finden ihr Opfer, an dem sie Blut saugen, durch Erkennen der Bewegungen; dennoch sind die Augen der Männchen größer, obwohl sie nur Blütennektar, Saft verwundeter Pflanzen und Honigtau aufnehmen. Der Grund für die Unstimmigkeit ist ungeklärt. Ebenso mysteriös ist die Tatsache, daß die Männchen vieler Tabanidae-Arten so selten sind, daß man sie in einigen Fällen bislang noch nicht kennt. Vermutlich finden jedoch die weiblichen Bremsen ihre Partner ohne Schwierigkeiten.

Abbildung 31

Laternaria phosphorea aus Peru und ähnliche Arten aus anderen Teilen Südamerikas haben die Entomologen mehr als hundert Jahre vor ein Rätsel gestellt. Früher nahm man an, daß die grotesken Köpfe dieser Insekten, die als *Laternenträger* bekannt sind, leuchten. Peter Parley schrieb 1839 in seinen Tales of Animals: »Dieses schöne Insekt bewohnt Surinam und viele andere Teile Südamerikas und sendet nachts von seinem Kopf oder seiner Laterne einen so starken Lichtschein aus, daß es als Kerze oder Leuchte verwendet wird. Man sagt, daß drei oder vier Exemplare, an einem Stock befestigt, von Wanderern in dieser Weise gebraucht werden. Ein einziges Tier leuchtet hell genug, um dabei lesen zu können.« Keine neuere Beobachtung konnte indessen diese Behauptung bestätigen und selbst wenn die Köpfe dieser Tiere tatsächlich manchmal Licht ausstrahlten, ist es wahrscheinlich von Bakterien auf der Hautoberfläche oder im Innern erzeugt worden.

Bis jetzt wurde keine sinnvolle Erklärung für das eigenartige Aussehen gefunden. Es ist in der Tat wahr, daß der Kopf wie eine Erdnuß oder wie ein Alligator aussieht, es ist aber kaum anzunehmen, daß irgendein angreifender Räuber davon abgeschreckt würde. Wer hat schon eine Erdnuß oder einen Alligator gesehen, der auf dem Stamm eines Tropenbaums oder auf den Blüten von Heliconia wie auf dem Bild ruht? Man könnte sich denken, daß die Augenflecken auf den Hinterflügeln, die - wie das Bild zeigt - beim Ausbreiten erscheinen, einen allzu neugierigen Vogel abschrecken mögen, aber das Insekt ist höchstens 8 cm lang.

Abbildung 32

Augenflecken sind bei Schmetterlingen häufig und haben oft Pupille, Iris und Lider. Ungewöhnlich ist, daß hier die Adern anders gefärbt sind und sich so hervorheben wie bei diesem Nachtfalter. Die Adern versteifen die sonst biegsame Membran der Flügel. Blut fließt durch sie, wenn die Flügel nach dem Schlüpfen gestreckt werden, und bleibt auch später in dünner Schicht an den Wänden dieser Röhren, um die Sinnesorgane der Flügel zu ernähren. Die Verbreitung dieser *Graellsia isabellae* ist begrenzt.

Abbildung 33

Buckelzirpen sind bizarre Insekten, ihr Rücken weist die merkwürdigsten Auswüchse auf wie Dornen, Haken und Hörner (siehe auch die Tafeln 15, 16, 35 und 67). Theoretiker haben versucht, die Funktion dieser Gebilde zu erklären, einige meinen, daß sie dem Insekt zur Tarnung dienen, andere wieder glauben, daß besondere Sinnesorgane in ihnen eingebettet sind. Wenn letztere Meinung richtig ist, müssen wir damit zugeben, daß wir nicht wissen, was die Organe wahrnehmen. Die Larve dieser *Alchisme grossa* aus Costa Rica ist außerdem interessant wegen ihrer vier Dornen, die an den flügeltragenden Segmenten des Bruststücks emporragen und die bei der Häutung zum fertigen Insekt verschwinden.

Abbildung 34

Wenn diese Larve einer südamerikanischen *Heuschrecke,* die wie ein Kriegsschiff des Zweiten Weltkriegs aussieht, auf einer purpurfarbigen Blüte sitzt, ist sie leicht zu erkennen, bewegungslos im Gras verharrend ist sie jedoch praktisch unsichtbar. Man beachte die falsche Pupille im Auge – eine optische Wirkung, die auf dem Bau des zusammengesetzten Auges beruht (siehe auch Tafel 29). Diese kleine Heuschrecke ist kaum 1 cm lang, aber einige südamerikanische Arten erreichen als erwachsene Exemplare eine Länge von 10 cm und sind so kräftig, daß sie durch einen Tritt ihrer dornigen Hinterbeine die Handfläche aufreißen können, selbst wenn man sie nur vorsichtig ergreift.

Abbildung 35

Die außerordentliche Entwicklung des Vorderbruststücks bei *Buckelzirpen* tritt bei dieser *Emphusis bakeri* aus Mindanao wieder in Erscheinung und erinnert an ein Tierkreiszeichen.

Abbildung 36

Tarnfarben allein sind nicht ausreichend, Insekten müssen auch die passende Haltung einnehmen, um als nicht anwesend zu erscheinen. Diesen kleinen *Nachtfalter* aus Neuguinea kann man hier sehr deutlich erkennen, sein Hinterleib ist aber auf solche Weise aufgebogen, daß der normale Umriß des Insekts aufgehoben ist. Auf einem Baumstamm oder Zweig würde es sich ausgezeichnet der Umgebung einfügen und somit wahrscheinlich den nahrungssuchenden Augen eines Vogels entgehen. Man weiß sehr wenig über die Lebensweise der meisten tropischen Nachtfalter, besonders über so unscheinbare wie diesen.

Abbildung 37

Fulcidax bacca, ein *Blattkäfer* aus Brasilien, gleicht eher einem Christbaumschmuck als einem Insekt. Er ist in seiner sonnendurchfluteten Umgebung trotzdem alles andere als unsichtbar.

Abbildung 38

Diamantenkäfer sind Rüßler mit metallisch schillernden Schuppen auf ihren Körpern. Ins Auge fallende Arten gibt es in Australien, im Orient und in Südamerika. Dieses Exemplar stammt von Samar in den Philippinen. Die Familie der *Rüßler,* Curculionidae, umfaßt mehr als 40 000 Arten und ist damit die größte Familie unter den Insekten. Kein einzelner kann hoffen, in seinem ganzen Leben jemals Spezialist einer ganzen Gruppe zu werden; die Entomologen spezialisieren sich vielmehr auf eine kleine Gruppe von Arten, wenn sie an dieser Familie interessiert sind. Die Lebensweise ist bislang nur von wenigen tropischen Arten bekannt.

Abbildung 39

Jedesmal, wenn das Weibchen einer *Florfliege* (Chrysopidae) ein Ei legen will, berührt es zunächst ein Blatt mit dem Hinterleib und sondert einen Tropfen einer Flüssigkeit ab, die an der Luft sehr schnell erhärtet. Es hebt dann den Hinterleib und zieht die klebrige Masse zu einem Faden aus, an dessen Ende das Ei befestigt wird. Hoch über der Blattoberfläche sind so die *Eier* vor den zufälligen Erkundungen von Räubern geschützt. Das Bild zeigt links eine Larve und rechts ein erwachsenes Tier. Blattläuse bilden die Nahrung ihrer sämtlichen Entwicklungsstadien.

Abbildung 40

Das Los einer Raupe ist beklagenswert, wenn sie von einer *Apanteles-Brackwespe* (Braconidae) parasitiert wird. Vor einigen Wochen wurde solch eine *Schwärmerraupe* (Sphingidae) von einer unscheinbaren Wespe heimgesucht, die ein oder mehrere Eier in ihrem Körper ablegte (einige Braconiden legen nur ein Ei, aus dem aber 20 bis 30 Larven schlüpfen, ein Vorgang, den man Polyembryonie nennt). Mit dem Heranreifen der parasitierten Tiere (siehe Tafel 8) schlüpfen die Larven aus und spinnen weiße, seidige *Kokons* außerhalb ihres nun sterbenden Wirts. Einige Tage später schlüpft aus jedem Kokon eine erwachsene Wespe, paart sich, und der Lebenszyklus beginnt von neuem.

Abbildung 41

Als eine der vielen *Netzwanzen* Südamerikas wird diese Art von Leptodictya häufig an Gras und Bambus gefunden. Die erlesene Skulptur der Hautoberfläche ist, unter dem Mikroskop gesehen, atemberaubend. Der verstorbene Carl Drake untersuchte ein Leben lang Netzwanzen und ergänzte seine wissenschaftlichen Arbeiten durch prachtvolle Federzeichnungen dieser winzigen Insekten, von denen die meisten weniger als einen halben Zentimeter lang sind.

Abbildung 42

Betet diese peruanische *Gottesanbeterin* oder lauert sie auf Beute? Im 18. Jahrhundert nannte Linnaeus die europäische Gottesanbeterin *Mantis religiosa,* was aber mit der Wesensart dieses Tieres nichts zu tun hat, denn alle Entwicklungsstadien leben räuberisch von anderen kleinen Tieren. Das führt bei den Weibchen einiger Arten zum

Exzeß, denn sie verzehren während der Paarung ihren männlichen Partner, den Kopf zuerst. Dieses ungewöhnliche Verhalten kommt nicht von ungefähr, denn Nervenzentren, die die Bewegungen des männlichen Abdomens hemmen, befinden sich im vorderen Teil des Körpers, und in dem Maß, in dem sie zerstört werden, steigert sich die Erregung, aber zugunsten des eigensüchtigen Weibchens!

Abbildung 43

Die Arbeiterinnen dieser *Ameise* (Oecophylla smaragdina) beginnen auf Magnetic Island vor der Küste von Queensland in Australien ein Nest aus Blättern zu bauen. Während die Arbeiterinnen die Ränder der Blätter zusammenpressen, laufen andere im Zickzackgang auf den Blättern hin und her und berühren die Blätter mit Larven, die sie in ihren Kiefern halten. Dabei sondern die Larven aus ihrem Mund einen klebrigen Seidensaft ab, und damit werden die Blätter zu einer dichten und starken Unterkunft für das Volk zusammengefügt. Man fand gelegentlich Raupen von Nachtfaltern in einigen ihrer Nester, wo sie sich von Ameisenlarven ernähren. Eigenartigerweise werden sie geduldet, vielleicht weil sie das Innere des Baus mit einem festen Seidengewebe überziehen und ihn so verstärken und wasserdicht machen.

Abbildung 44

Seit rund 6000 Jahren werden Feigenbäume im östlichen Mittelmeergebiet kultiviert, aber noch immer ist ihre Abhängigkeit in Bezug auf Insekten eine der kompliziertesten, die man bei Kulturpflanzen kennt. Die bekannte Smyrnafeige, die heute in großer Anzahl in der Türkei, in Italien, Griechenland und Kalifornien kultiviert wird, beruht in ihrer Fruchtbildung auf *Blastophaga psenes*, einer kaum millimetergroßen Wespe. Das Ablegen des Eis in eine speziell dafür vorgesehene unfruchtbare Blüte der wilden Feige bewirkt die Bildung einer Galle, in der sich die Wespenlarve entwickeln kann. Die flügellosen Männchen verlassen ihre Kinderstube und leben gerade so lange, um sich mit den frischgeschlüpften Weibchen paaren zu können. Die geflügelten Weibchen werden auf ihrer Suche nach geeigneten Plätzen für die Eiablage mit Pollen bedeckt. Wenn sie zufällig eine Smyrnafeige besuchen, die keine speziellen Blüten für die Gallbildung haben, wird der Blütenstaub übertragen und es bildet sich eine Frucht. Um die Möglichkeit einer allgemeinen Bestäubung zu verbessern, hängen die meisten Feigenanbauer Zweige der wilden Feige in das Laubwerk ihrer Smyrnabäume, und die schlüpfenden Weibchen besuchen dadurch ziemlich sicher die Blüten der fruchttragenden Bäume.

Es ist verlockend, die beiden Wespen auf dem Bild als Blastophaga zu bestimmen, sie sind es aber nicht. Die winzige Wespe links lebt als Parasit in den Larven anderer Insekten, während die rechte zu einer Gruppe gehört, die sowohl Parasiten, als auch Überparasiten (Parasiten eines Parasiten) und Gallenerzeuger umfaßt. Einige dieser sehr kleinen Insekten legen ihre Eier sogar in die Eier anderer Insekten, wie Schmetterlinge und Gottesanbeterinnen.

Abbildung 45

Obwohl diese *Heuschrecke* zu jener Familie gehört, die auch die gefürchteten Wanderheuschrecken umfaßt, ist diese Art von *Acrida* hauptsächlich wegen ihrer merkwürdigen Kopfform interessant. Fast alle Heuschrecken ernähren sich von Pflanzen; jene Arten, die die riesigen, zerstörerischen Schwärme bilden, nennt man Wanderheuschrecken. Es gibt aber auch nichtwandernde Arten, die durch ihr massenhaftes Auftreten ähnliche Schäden verursachen können.

Abbildung 46

Der Zeitunterschied, den die verschiedenen Geräusche brauchen, um die »Ohren« an den Vorderbeinen männlicher wie weiblicher *Laubheuschrecken* zu erreichen, ermöglicht es den Insekten, die Richtung zu bestimmen, aus der die Geräusche kommen. Nur die Männchen singen in einer der Art charakteristischen Weise, die Weibchen bleiben still, bis sie dem Männchen nahe genug sind, sich mit einem »tsch-tsch« anzukündigen. Das Weibchen muß den Gesang seines Männchens aus all den Lauten anderer Heuschrecken, Grillen, Frösche und mancherlei nächtlicher Sänger heraushören, keine schlechte Leistung in einer warmen Tropennacht. Die abgebildete Art ist *Amblycorypha*.

Abbildung 47

Die *Laubheuschrecke Markia hystrix* aus Venezuela ist vor einem Hintergrund von Flechten tatsächlich unsichtbar. Experimente haben gezeigt, daß nächtliche Insekten mit einer Tarntracht fast immer den passenden Untergrund wählen, auf dem sie tagsüber ruhen. Man ist versucht daraus zu schließen, daß Insekten ihren Hintergrund bewußt auswählen, sie haben aber keine solchen menschlichen Eigenschaften. Die wahrscheinliche Erklärung ist, daß sie vor unpassenden Hintergründen zu weiterer Aktivität angeregt werden und, erst wenn sie einen entsprechenden Platz gefunden haben, ihre instinktiven Reaktionen die Bewegungslosigkeit erlauben.

Abbildung 48

Schmetterlingszikaden (Flatidae) haben, wie der Name sagt, durch ihre breiten, farbigen Flügel, eine gewisse Ähnlichkeit mit Schmetterlingen. Sie haben die eigenartige Gewohnheit, alle in einer Reihe und in gleicher Richtung, auf Zweigen und Halmen zu ruhen. Bei einer afrikanischen Art gibt es zwei Farbformen, eine grüne und eine rote, die jeweils für sich zusammensitzen, die roten unter den grünen, so daß der Eindruck entsteht, man habe einen teilweise geöffneten Blütenstand vor sich. Obwohl sie häufig in den Tropen vorkommen, wurden bislang nur wenige untersucht und damit zuverlässig benannt. Diese kleine Zikade wurde in Manaos am Amazonas fotografiert.

Abbildung 49

Dieses Paar von *Enallagma* zeigt die merkwürdige und einmalige Art der Paarung bei Wasserjungfern und Libellen. Noch vor der Balz bringt das Männchen sein Sperma in eine Tasche am Ende seines Hinterleibs, kurz hinter den Beinen. Dann erfaßt es mit seinen Greifern am Hinterleib ein williges Weibchen hinter dem Kopf und hält es eng umschlungen, während sie ihren Hinterleib so nach vorn biegt, daß er die Tasche des Männchens berührt und das Sperma übernehmen kann. Auf dem Bild links ist das Weibchen der *Wasserjungfer* zu sehen. Manchmal fliegen die Paare für längere Zeit im sogenannten Tandemflug.

Abbildung 50

Die verschiedenen Arten der *Libellen* haben unterschiedliche Methoden der *Eiablage*. Einige klettern an den Halmen von Wasserpflanzen in die Tiefe und legen ihre Eier, in einer Luftblase eingehüllt, an Unterwasserpflanzen. Diese hier in der Luft verharrende Libelle läßt ihre Eier einfach ins Wasser fallen, was bei Libellen nicht selten vorkommt; eher geschieht es während ihres Fluges über die Wasseroberfläche. Alle Entwicklungsstadien hindurch sind sie große Räuber, wobei die Larven unter Wasser auf Beutefang gehen und die größeren von ihnen selbst kleine Fische und Kaulquappen ergreifen.

Abbildungen 51 + 52

Ein verwirrender Aspekt beim Sammeln von *Libellen* ist, daß die Männchen und Weibchen einiger Arten verschieden aussehen. Tafel 51 zeigt das Weibchen und Tafel 52 das Männchen von *Palpopleura lucia* (Libellulidae) aus Ghana. Darüberhinaus verlieren sich die glänzenden und charakteristischen Farben sehr schnell, wenn man beim Trocknen der Tiere nicht besonders vorsichtig zu Werke geht. Libellen werden gewöhnlich wie Schmetterlinge genadelt und gespannt, aber bei Spannweiten bis zu 20 cm beanspruchen sie viel Platz in den Sammlungskästen. Eine verbreitete Methode ist es heute, die Flügel über dem Körper zusammenzufalten und die Tiere in Tüten aus durchsichtigem Material zu stecken, wozu natürlich ein Zettel mit Fundort und Datum kommt. Jedes Exemplar wird dann in einer Kartei erfaßt. Dieses System funktioniert sehr gut. Was aber würden wir tun, wären die 250 Millionen Jahre alten Arten, mit einer Flügelspanne von 70 cm, nicht ausgestorben?

Abbildung 53

Libellen unterscheiden sich von Wasserjungfern durch einen kräftigeren Körper, einen runderen Kopf und durch relativ größere Augen, von denen jedes für sich bis zu 30 000 Einzelteile enthalten kann. Ihr ausgezeichnetes Sehvermögen erlaubt es ihnen, ihre Beute im Flug zu fangen, wobei sie ihre drei Beinpaare unter dem Kopf zu einem Fangkorb formen. Sie nehmen in regelmäßigen Abständen ein Territorium ein, in dem

114

sie dann für viele Tage wiederholt die gleichen Strecken abfliegen. In ihrem frühen Stadium sind die Libellen Frischwasserbewohner. Als erwachsene Tiere dehnen sie ihre Suche nach Nahrung weit über ihr Brutgebiet hinaus aus. Auf der Suche nach Nahrung und auch bei starkem Wind unterbrechen sie ihre Ausflüge und sonnen sich, wie die Libelluliden von Wau, Neuguinea.

Abbildung 54

Wären die Farben dieser *Libelle* (Sympetrum) auf Dauer beständig, gäbe sie einen herrlichen Schmuck ab. Vielleicht ist das gut so, andernfalls müßten wir eine weitere Art auf die Liste bedrohter Tiere setzen.

Abbildung 55

Die meisten, jedoch nicht alle *Wasserjungfern* falten die Flügel über ihrem Körper wenn sie ruhen, wie es an dieser Art (wahrscheinlich Umma) aus Ghana gezeigt wird. Die Körper der Wasserjungfern sind so dünn und zerbrechlich, daß man bei Museums-exemplaren gewöhnlich eine Borste als Stütze der Länge nach in den Körper schiebt. In einigen Fällen sind die Farben der verschiedenen Geschlechter so unterschiedlich, daß man ihre Zusammengehörigkeit nie vermuten würde, hätte man sie nicht während der Paarung gefangen.

Abbildung 56

Die *Wanze Anisoscelis foliaceae* mit ihren blattartig verbreiterten Beinen stammt aus Peru und ist der Wissenschaft seit fast 200 Jahren bekannt. Sie saugt, völlig ohne Deckung, an Trieben und Früchten und ist vermutlich nur durch eine übelriechende Flüssigkeit geschützt, die sie bei Gefahr absondert. Es wurde angenommen, daß die Verbreiterungen an den Beinen als Scheinziel für mögliche Angreifer dienen sollten, doch findet man nur sehr wenige Exemplare, denen ein Bein fehlt. Vielleicht sind die hellen Farben und die auffallenden Beine Warnsignale für erfahrene Vögel, sich an den üblen Geschmack zu erinnern, den sie beim ersten Versuch, ein solches Tier zu fressen, empfanden.

Abbildung 57

Baumwollfärber, verschiedene Arten von *Dysdercus,* tragen ihren Namen nicht zu Unrecht, da sie überall in den Tropen als Baumwollschädlinge bekannt sind. Der Schaden den sie verursachen, entsteht teilweise durch Bakterien, die sie durch ihre Sauglöcher ausscheiden. Wirtschaftlich schwerwiegender sind die Zerstörungen, die der Pilz Nematospora erzeugt, wenn er in die heranwachsenden Kapseln eindringt: die Baumwollfasern erhalten dadurch eine nicht mehr auszubleichende Gelbfärbung. Hier sehen wir eine Paarung von *Dysdercus ruficeps* aus Peru.

Abbildung 58

Der schöne Käfer *Sternotomis regalis* aus Ghana hat wahrscheinlich mehr als ein Jahr als häßlicher Engerling in Baumstämmen zugebracht. Welch schöne Anstecknadeln würden diese Insekten ergeben, wären sie nur nicht so zerbrechlich.

Abbildung 59

Als Kunstwerk der Natur ist der *Diamantkäfer* (Entimus imperialis) berühmt. Peter Parley schreibt in seinen Tales of Animals darüber: »Dieser Käfer gehört zu den Rüßlern und sein wissenschaftlicher Name lautet Kaiserkäfer. Er bewohnt Südamerika, besonders Brasilien, und ist unter allen Insekten am prachtvollsten gefärbt. Die Grundfarbe der Flügel ist schwarz mit zahlreichen parallellaufenden Linien, die grüngolden schillern und durch kleine Schuppen außerordentlich glänzen, wie das auch bei Schmetterlingen der Fall ist ... Es gibt eine weitere herrliche Art in Indien, die aber so selten ist, daß ihre Flügeldecken (und manchmal auch das ganze Insekt) als Gemme an Ringen von Prominenten getragen wurden.« Könnte Parley sich auf den Rüsselkäfer von Tafel 38 bezogen haben?

Abbildung 60

Die Familie der *Bockkäfer* (Cerambycidae) ist nicht nur durch die schreiende Farbenpracht einiger ihrer Arten wie diese *Cyriocrates zonator* aus Borneo gekennzeichnet,

116

sondern durch den überraschenden Umstand, daß ihre Larven die einzigen Insekten sind, deren Verdauungsflüssigkeiten Holz abbauen können. Alle anderen holzfressenden Insekten sind abhängig von Bakterien oder anderen Mikroorganismen, die dies für sie tun. Einige Insekten fressen Holz, nur um ihre Darmflora am Leben zu erhalten, denn ein Teil dieser Mikroorganismen wird vom Insekt verdaut und stellt den Hauptbestandteil seiner Nahrung dar.

Abbildung 61

Stinkwanzen sind sehr treffend benannt, denn nur so gut geschützte Insekten wie diese können es sich leisten, so auffallend gefärbt zu sein wie diese *Pachycoris torridus* aus San Salvador. Das ist eine der vielen Stinkwanzen mit Brutfürsorge: Das Weibchen bewacht die Eier und erlaubt den Larven, sich bei Gefahr unter ihrem Körper zu verstecken. Einige Stinkwanzen wurden beobachtet, wie sie Schlupfwespen abwehrten, die sich ihrem Eigelege näherten. Sie scheinen damit Erfolg gehabt zu haben, denn nur die Eier am Rande des Geleges wurden parasitiert, die am wenigsten beschützt werden konnten.

Abbildung 62

Die Einstellung der Forstleute zu den *Bockkäfern* unterscheidet sich erheblich von der der Insektensammler, denn große holzbohrende Käfer, wie dieser *Machrochenus tigrinus* aus Sikkim, können einen Baumstamm in wenigen Monaten in einen Schwamm verwandeln. Einige Experten glauben aber, daß die Käfer nur kranke Bäume befallen, die zum Absterben verurteilt sind.

Abbildung 63

Graphocephala coccinea ist ein nordamerikanisches Insekt, das nach Europa verschleppt zu einer Pest für Rhododendren, Azaleen und Forsythien wurde. Diese Art, die wohl zu den auffälligsten *Zikaden* (Cicadellidae) zählt, beweist einmal mehr, daß schöne Insekten keineswegs selten sein müssen.

Abbildung 64

Obwohl diese *Dysdercus andreae* in Florida fotografiert wurde, ist sie ein Zuwanderer von den Großen und Kleinen Antillen, wo sie sich von Baumwolle und zahlreichen wilden Pflanzen aus der Familie der Malvengewächse ernährt. Die rote Farbe und das schwarze Kreuz, das ihr den Namen *St. Andreas-Baumwollfärber* eingebracht hat, ist viel typischer für Dysdercus als die dreifarbige Art, die auf Tafel 57 zu sehen ist.

Abbildung 65

Obwohl sich die meisten *Stinkwanzen* von Pflanzen ernähren, gibt es einige wenige, die räuberisch leben wie *Perillus bioculatus* aus den Vereinigten Staaten und Kanada. Diese ernähren sich von Insekteneiern, Raupen und Käferlarven, die im Unterholz und an Gräsern sitzen. Die beim Heranwachsen der Larven herrschende Temperatur scheint die Farbe und das Ausmaß der schwarzen Flecken auf den erwachsenen Tieren zu beeinflussen, eine Variabilität, die das Interesse der Amateursammler gefunden hat. Diese Art wurde um 1930 in Frankreich eingeführt, um den Kartoffelkäfer zu bekämpfen, der etwa 1870 eingeschleppt worden war und sich zu einem gefährlichen Schädling entwickelt hatte. Wenn die Wanze auf einen Käfer oder eine Larve trifft, spießt sie das Opfer auf, hält es hoch und saugt ihm alle Körperflüssigkeit aus. Danach wirft sie die leere Hülle fort. Während ihrer Entwicklungszeit verzehrt eine einzige Wanze etwa 450 Eier und 150 Larven.

Abbildung 66

Dieses Exemplar von *Lophacris gloriosa* aus Panama wurde getrocknet und in einer von Museumsleuten bevorzugten Weise aufgestellt. Alle Körperteile wurden abgespreizt, um die Merkmale des Insekts in jeder Hinsicht leicht untersuchen zu können. *Heuschrecken* sind besonders anfällig, ihre Farben zu verlieren. Dieses Exemplar war lebend erheblich grüner. Die purpurroten Hinterflügel scheinen es den Geschlechtern zu ermöglichen, sich über einige Entfernung zu erkennen, da sie schlechte Sänger sind. Einige Arten verwenden ihre Hinterflügel auch als Abschreckung gegenüber zudringlichen Vögeln, indem sie ihre gefalteten Flügel plötzlich spreizen. Der Vogel weicht zurück und die Heuschrecke kann zu einem neuen Versteck fliegen.

Abbildung 67

Diese *Buckelzirpe* aus Arizona, *Platycotis tuberculata,* ist ein typischer Vertreter ihrer Art aus gemäßigten Breiten. Sie weist nicht die außerordentlichen Fortsätze der Vorderbrust auf, die für die mittel- und südamerikanischen Arten charakteristisch sind. Warum die Tropen so ungewöhnliche Formen bevorzugen, ist nicht bekannt (Vergleiche die Tafeln 15, 16, 33 und 35).

Abbildung 68

Schmetterlinge der Familie Ctenuchidae, die hier durch *Histiaea meldolae* aus Venezuela vertreten wird, sind leuchtend gefärbte Tagflieger. Einige Arten ahmen Wespen oder andere stechende Insekten nach. Sehr wahrscheinlich sind diese Arten für Vögel und andere Räuber ungenießbar – sonst würden sie sich nicht solchen Gefahren aussetzen. Bei unseren Untersuchungen über schlecht schmeckende Schmetterlinge haben wir herausgefunden, daß die giftigen Stoffe schon von den Raupen aufgenommen werden, die Pflanzen mit giftigen Stoffen in den Blättern fressen. Diese Gifte werden im Körper gespeichert und dienen später, wenn sich die Raupen in Falter verwandelt haben, dazu, Angriffe von Feinden abzuwehren.

Abbildung 69

Man experimentierte mit dem *Bärenspinner Melese* aus Venezuela, um die Funktion der geräuscherzeugenden Organe seitlich des Brustkorbs zu untersuchen (Vergleiche die Erläuterung zu Tafel 18). In einem Versuch warf man in einem dunklen Raum, in dem eine im Freien gefangene Fledermaus herumflog, Käferlarven in die Luft. Man stellte fest, daß die Fledermaus immer dann ihre Beute verfehlte, wenn man die Laute der Melese in dem Moment von einem Tonband abspielte, in dem man sie hochwarf. Ohne diese Laute vom Tonband wurde sie jedoch von der Fledermaus ergriffen, noch ehe sie wieder zu Boden fallen konnte. Zuerst glaubte man, daß das Echolotsystem der Fledermaus durch die Laute gestört würde und sie die Beute dadurch nicht finden konnte. Die heute vertretene Ansicht ist, daß das von der Melese ausgesendete Signal für die Fledermaus bedeutet: »Ich bin ungenießbar, friß mich nicht!«

Der Schmetterling ist ungenießbar, und in Freiheit lernen Fledermäuse sehr bald, daß der Laut mit Ungenießbarkeit verbunden ist, und meiden die Tiere. Während des Versuchs hörte also die erfahrene Fledermaus die Laute und vermied es absichtlich, die Beute zu ergreifen. Aufnahmen mit Infrarotfilm haben dokumentiert, daß die Fledermäuse mit Überlegung handeln; es gibt keinen Irrtum.

Abbildung 70

Fast alle *Rosenkäfer* haben ein porzellanartiges Aussehen, aber wenige so ausgeprägt wie dieser *Euploecila australiae* aus Australien. Diese Käfer fallen am Tage sehr auf, wenn sie auf Blüten sitzen und Nektar saugen. Ihre weniger eleganten Larven findet man zwischen verrottenden Pflanzen.

Abbildung 71

Im Sommer 1976 wurde England von *Marienkäfern* überschwemmt. Sie schwärmten überall hin aus und vielerorts war es unmöglich, über einen Feldweg zu gehen, ohne Tausende von ihnen zu zertreten, ein beispielloser Vorgang. Alle Marienkäfer, einschließlich dieser *Neda norrisii* aus Kolumbien, ernähren sich als Larven ebenso wie als ausgewachsene Käfer von Blattläusen. Aus diesem Grund zählen sie zu den besten Freunden des Gärtners. Wahrscheinlich hatte eine Massenvermehrung von Blattläusen dazu geführt, die Zahl der Marienkäfer ins Astronomische wachsen zu lassen. Das Pendel schwingt hin und her. 1977 fanden die Marienkäfer so wenig Nahrung, daß ihre Anzahl weit unter das normale Maß sank.

Abbildung 72

Schwebfliegen der Familie Syrphidae wie diese *Texomerus geminatus* sind vorzügliche Nachahmer von Wespen, obwohl sie völlig harmlos sind und keinen Stachel besitzen.

120

Sie schweben über Blüten während sie Nektar saugen, und gehören zu den besten Luftakrobaten unter den fliegenden Tieren. Eine nähere Untersuchung zeigt, daß sie nur ein Flügelpaar besitzen, ein sicheres Merkmal aller Fliegen. Viele Larven der Schwebfliegen sind wahre Helfer des Gärtners, denn die beinlosen Larven fressen gierig Blattläuse und andere kleine Insekten.

Abbildung 73

So wenig wir über die gewaltigen Kiefer der Hirschkäfer (Tafeln 22 und 23) wissen, so wenig wissen wir über die Funktion der Kopfteile der *Rosenkäfer* wie *Eudicella gralli* aus Südafrika. Man hat angenommen, daß die gegabelten Fortsätze im Kampf gegen konkurrierende Männchen benützt werden, denn nur bei ihnen sind sie besonders ausgeprägt. Aber wie so oft, sind es Spekulationen und keine Beobachtungen.

Abbildung 74

Es ist kaum zu glauben, daß eine Larve, die wie ein blutleerer Wurm aussieht und ihr Leben in verfaulendem Holz zubringt, sich in einen so schönen Käfer wie *Chrysochroa lepida* vom Kilimandscharo in Ostafrika verwandelt. So schön die erwachsenen *Prachtkäfer* (Buprestidae) sind, so sehr gleichen die Larven einem Fischköder, obwohl sie in einigen Teilen unserer Welt als Nahrung dienen, da einige ihrer Arten eine Größe von mehreren Zentimetern erreichen. Die Nahrung der Larven ist so wenig gehaltvoll, daß sie für ihre Entwicklung mehrere Jahre brauchen. Einige Arten sind eine ernste Gefahr für Obstbäume und andere Nutzhölzer. Wahrscheinlich gehören sie zu den auffälligsten Käfern überhaupt. Ihre Flügeldecken werden von einigen primitiven Stämmen zu mancherlei Schmuck verarbeitet.

Abbildung 75

Man weiß wenig über die Lebensweise von *Comperocoris roehneri,* einer räuberischen *Schildwanze* aus Chile. Man nennt sie so, weil die dreieckige Rückenplatte wie ein Schild aussieht. Der Familienname Pentatomidae bezieht sich auf die fünf Glieder, aus denen die Fühler zusammengesetzt sind.

Abbildung 76

Fast fünfzig Prozent aller *Prachtkäfer* in Australien gehören zur Gattung Stignodera, die sonst nirgends vorkommt. Diese Art, *Stignodera marginicolis,* mit ihren schreiend roten und schwarzen Farben, ist typisch für die Gruppe. Da sich die Larven der Prachtkäfer tief ins Holz bohren, konnten sie auf diesem Wege in viele Erdteile gelangen. In Europa ist ein Fall bekannt, daß ein nordamerikanischer Prachtkäfer aus einem Stück schlüpfte, das 25 Jahre zuvor eingeführt worden war. Erwachsene Käfer, die man in Häusern fand, könnten nachts vom Licht angelockt worden sein (was auch der Grund dafür wäre, daß sie manchmal Feuerkäfer genannt werden) oder sind, und das ist wahrscheinlicher, ganz einfach aus dem Holzwerk geschlüpft.

Abbildung 77

Eine in Nordamerika beheimatete *Biene* – nicht die bekannte Honigbiene – bestäubt hier eine Zinnia multiflora. Als 1492 Kolumbus landete, gab es keine Honigbienen in Amerika. Um 1532 waren sie in Brasilien eingeführt und wenig später wurden sie in Nordamerika gezüchtet. Die europäische Honigbiene kann die Farbe Rot nicht erkennen und braucht es vermutlich auch nicht, denn viele Blüten, die von ihr bestäubt werden, sind blau oder gelb. Die nordamerikanischen Bienen wurden bisher wenig untersucht und die Feststellung ihres Farbensinns wird erschwert durch das Vorkommen der Kolibris, die sehr wohl Rot von anderen Farben unterscheiden können.

Abbildungen 78, 79 + 80

Die *Flügel* einer *Fliege* (Condostylus), einer *Goldaugenfliege* (Chrysopa oculata) und einer *Zuckmücke* (Chironomus plumosus), die in Washington D.C. gefangen wurden, zeigen den prächtigen Effekt, den durchsichtige Flügel bei entsprechender Beleuchtung hervorrufen können. Die Flügel selbst enthalten nahezu kein Pigment, nur die Goldaugenfliege erscheint bei Tageslicht schwach grün.

Abbildung 81

Trotz der glänzenden Farben gehört dieser *Flügel* zu einem Nacht- und nicht zu einem Tagfalter. Schon an den leuchtenden Farben erkennt man, daß *Chrysiridia madagascariensis* (oder auch Urania ripheus) am Tage fliegt und nicht nachts. Arten dieser Familie der Uraniidae gibt es auch in Zentral- und Südamerika. Zu bestimmten Jahreszeiten unternehmen sie zahlreiche und ausgedehnte Flüge. Die Raupen der abgebildeten Art ernähren sich von kakteenähnlichen Wolfsmilchgewächsen, die einen stark giftigen Saft enthalten; wahrscheinlich sind die Falter ebenfalls giftig.

Die Flügel dieses Schmetterlings werden immer noch viel in der Schmuckindustrie verwendet, hatten aber in der Viktorianischen Zeit noch erheblich größere Bedeutung. Man kann davon ausgehen, daß heutzutage nur gezüchtete Exemplare verarbeitet werden. Das mag richtig sein, denn hält man die Puppen bei Temperaturen zwischen 34° und 41° Celsius, so weisen die Flügel der ausgewachsenen Falter später erhebliche Farbunterschiede auf. Die so entstandenen neuen Farben können für den Handel von Bedeutung sein.

Abbildung 82

Campylotes desgodinsi ist ein auffallender Nachtfalter, der am Tage fliegt und zur Familie der Zygaeniden zählt. Einige andere Arten dieser Gattung haben eine Flügelspannweite von mehr als 12 cm.

Abbildung 83

Die Farbmuster der *Zygaeniden* haben jahrelang die Lepidopterologen beschäftigt. Wir wissen heute, daß die große Variabilität in der Natur sowohl auf Erbfaktoren (die bestimmen, ob die Flecken rot oder gelb sind) als auch auf Umwelteinflüssen wie Temperatur und Luftfeuchtigkeit beruhen (die die Größe und Zahl der Flecken beeinflussen). Es ist sicher kein Zufall, daß die *Widderchen,* wie man die Zygaeniden auch nennt, sich häufig bei der Wahl ihrer Partner irren. Man kennt viele Fälle, wo verschiedene Arten während der Paarung gefunden wurden, eine Erscheinung, die sonst außerhalb des Laboratoriums recht selten ist.

Schmetterlinge, wie dieses *Erdeichel-Widderchen Zygaena filipendulae* aus Europa, sind giftig und dadurch vor Angriffen von Vögeln geschützt. Einige Arten enthalten Zyanid. Es ist jedoch noch nicht bekannt, woher das Gift stammt, denn die Raupen leben an Schmetterlingsblütlern, die nicht dafür bekannt sind, daß sie Gift enthalten. Wahrscheinlich erzeugen die Falter das Gift selbst.

Über das Fotographieren von Insekten

Die wichtigste Voraussetzung zum Fotografieren von Insekten ist Geduld. Viele Stunden lang lag ich auf dem Bauch oder hockte an Tümpeln, um ihr Verhalten zu beobachten, um dann später beim Fotografieren in der Lage zu sein, ihre Aktionen abzuschätzen. Zudem wählte ich den frühen Morgen und den späten Nachmittag zum Fotografieren, da sich die Insekten in kühler Luft langsamer bewegen.

Als Ausrüstung bevorzuge ich eine Spiegelreflexkamera mit einer Linse, weil ich durch sie das Motiv genau so sehen kann, wie es später auf dem Film erscheint. Achtzig Prozent meiner Bilder nehme ich mit einem 55 mm Micro-Nikkor auf, das mir erlaubt, die Objekte in natürlicher Größe abzubilden. Ähnliche Ergebnisse kann man erreichen, wenn man Vorsatzlinsen verwendet, die auf das Objektiv geschraubt werden wie Filter. Das ist die billigste Methode, die Bilder werden jedoch nicht so scharf wie jene, die man mit speziellen Makroobjektiven aufnimmt. Daneben benütze ich manchmal das Makroobjektiv Vivitar Zoom. Es ermöglicht keine so starke Vergrößerung wie das 55 mm Micro-Nikkor, dafür kann man damit aus etwas größerer Entfernung fotografieren. Beim Fotografieren sehr kleiner Insekten oder bei Detailaufnahmen von z. B. Schuppenformationen von Schmetterlingsflügeln benütze ich Zeiss-Luminare mit den Brennweiten 16, 25, 40 und 63 mm. Diese Objektive sind für besonders starke Vergrößerungen konstruiert. Für Aufnahmen, die den Lebensraum von Insekten wiedergeben sollen, verwende ich Objektive mit Brennweiten von 24 und 28 mm. Das 24-mm-Objektiv kann auch verkehrt herum auf die Kamera montiert werden und erlaubt so eine vierfache Vergrößerung des Motivs.

Gewöhnlich ziehe ich als Filme Kodachrome-64 vor, aber für extreme Nahaufnahmen nehme ich Ektachrome, weil er eine höhere Farbdichte hat. Viele meiner guten Bilder habe ich bei Tageslicht aufgenommen.

Im Feld habe ich oft Helfer, die mit einem Spiegel das Sonnenlicht auf das Objekt lenken. Das zusätzliche Licht hellt Schatten auf und verbessert die naturgetreue Wiedergabe. Diese Methode ist brauchbar, solange die Vergrößerung nicht allzu stark sein muß. Mit zunehmender Vergrößerung vermindert sich die Tiefenschärfe. Um beides, Objekt und Hintergrund, noch scharf zu bekommen, muß ein Elektronenblitzgerät verwendet werden. Damit wird auch jedes Verwackeln durch Kamera oder Objekt vermieden, da die Belichtungszeit bei Verwendung eines Blitzes so außerordentlich kurz ist, daß alle Bewegungen momentan erstarrt erscheinen.

Dank

Vor allem möchte ich mich bei Barbara Bedette für ihre ausdauernde Hilfe und Ermutigung beim Schreiben dieses Buchs bedanken. Besonderer Dank gebührt meinen vielen Kollegen und Freunden vom National Museum of Natural History, besonders aber Dr. Edward S. Ayensu für seine stete Hilfe und Beratung während vieler Jahre.

Mein Dank gilt auch den Herausgebern von Viking Penguin für dieses dritte Buch, das wir zusammen herausbrachten, und besonders Olga Zaferatos für ihre Geduld und Vorschläge.

Besonderer Dank gilt vielen Helfern im Feld, die mir das Fotografieren seltener Arten in abgelegenen Gegenden ermöglichten. Einige Arten wurden bisher noch nie fotografiert und in einigen Fällen handelte es sich um Arten, die neu für die Wissenschaft waren. Folgenden Personen bin ich besonders verpflichtet: Dr. Donald R. Davis, Dr. W. Donald Duckworth, William D. Field, Dr. Richard C. Froeschner, Francis M. Greenwell, Thomas R. Harney, Dr. Porter M. Kier, Jack F. Marquart, Dr. Robert W. Read und Dr. Paul J. Spangler, Smithsonian Institution; Dr. Amada A. Reimer und Dr. Nicolas Smythe, Smithsonian Tropical Institute, Canal Zone; Dr. Donald M. Anderson, Dr. Robert D. Gordon, Dr. Ronald W. Hodges, Dr. Lloyd V. Knutson, Dr. Curtis W. Sabrosky, Rose Ella Spilman, T. J. Spilman, George C. Steyskal und Dr. Edward L. Todd, USDA Washington D.C.; Dr. Soernatono Adisoemarto, Lembaga Biologi Nasional, Indonesia; Dr. Graziela M. Barron, Jardim Botanico do Rio de Janeiro; Dr. Graziela Maciel Barroso, Ins. Brasiliero de desenv., Florestal; Drs. Roger und Ookeow Beaver, Chian Mai Universität, Thailand; Professor Clifford O. Berg, Cornell Universität, Dr. Roberto Burle-Marx, Rio de Janeiro; Professor Charles E. Cutress, Universität von Puerto Rico; Professor Howard E. Evans, Colorado State University; Dr. Graham Bell Fairchild, Panama City; Dr. J. Linsley Gressitt, Wau Ecology Institute, Neuguinea; Dr. M. P. Harris, Galapagos Inseln; Professor Kenneth P. Lamb, Universität von Papua-Neuguinea, Professor Martin Naumann, Universität von Connecticut; Dr. Joao Murca Pires, IPEAN, Belém, Brasilien; Dr. Ivan Polunin, Universität von Singapore; Professor Diomedes Quintero, Universität von Panama; Judy Rodden Schnedl, Washington D.C.; Professor Margot Schumm, Montgomery Community College, Maryland; Professor Laura Schuster, Universität A. de la Selva, Peru; Dr. Alcides R. Teixeira, Instituto de Botanico, São Paulo; Richard Thacker, Universität von Maryland; Professor Roman Vishniac, Yeshiva Universität; Professor Thomas J. Walker,

126

Universität von Florida; David Wapinski, Universität von Virginia; Kirsten Wegener-Kofoed, Kopenhagen, Dänemark; J. S. Womersley, Botanischer Garten Lae, Neuguinea; Choo See Yan Brothers, Cameron Highlands, Malaysia; Professor Fernandez Yepez, Universität von Maracay, Venezuela K.B.S.

Inhalt